本书为国家社会科学基金青年项目（19CGJ041）的结项成果。

全球价值链分工的碳排放转移效应及中国对策研究

潘安 著

中国财经出版传媒集团
中国财政经济出版社

图书在版编目（CIP）数据

全球价值链分工的碳排放转移效应及中国对策研究 / 潘安著. -- 北京：中国财政经济出版社，2022. 8
ISBN 978 - 7 - 5223 - 1588 - 1

Ⅰ. ①全… Ⅱ. ①潘… Ⅲ. ①国际贸易 - 经济核算 - 关系 - 二氧化碳 - 排气 - 研究 - 中国 Ⅳ. ①F740. 4 ②X511

中国版本图书馆 CIP 数据核字（2022）第 129604 号

责任编辑：马 真　　责任校对：张 凡
封面设计：陈宇琰　　责任印制：党 辉

全球价值链分工的碳排放转移效应及中国对策研究
QUANQIU JIAZHILIAN FENGONG DE TANPAIFANG ZHUANYI XIAOYING JI ZHONGGUO DUICE YANJIU

中国财政经济出版社 出版
URL：http：//www. cfeph. cn
E - mail：cfeph@ cfeph. cn

社址：北京市海淀区阜成路甲 28 号 邮政编码：100142
营销中心电话：010 - 88191522
天猫网店：中国财政经济出版社旗舰店
网址：https：//zgczjjcbs. tmall. com
北京财经印刷厂印刷 各地新华书店经销
成品尺寸：170mm × 240mm 16 开 13. 75 印张 172 000 字
2022 年 8 月第 1 版 2022 年 8 月北京第 1 次印刷
定价：62. 00 元
ISBN 978 - 7 - 5223 - 1588 - 1
（图书出现印装问题，本社负责调换，电话：010 - 88190548）
本社质量投诉电话：010 - 88190744
打击盗版举报热线：010 - 88191661 QQ：2242791300

前言

Preface

20 世纪 80 年代以来，全球价值链（GVC）分工体系的形成助推了全球贸易的持续增长，同时二氧化碳（CO_2）等温室气体排放增长主要引起的全球变暖问题逐渐凸显，促使人类不得不面临全球气候变化的严峻挑战。目前，全球气候变化已对人类健康、农业生产、经济增长等产生了不可忽视的负面影响，全球变暖问题的加剧使得全球气候治理工作迫在眉睫，此时实现全球范围的碳减排显得尤为关键。那么，如何协调碳减排与贸易增长的关系成为多数国家面临的发展难题。在 GVC 分工下，各国因生产引起的碳排放增长，并非全部为满足本国国内消费，还包括满足其他国家的消费需求，故在 GVC 中存在不同国家或地区间的碳排放转移，而国际贸易是其中主要的转移途径。在 GVC 分工网络特征日趋明显的背景下，由 GVC 分工引起的碳排放转移网络研究逐渐得到了学术界关注。

对中国而言，深入参与 GVC 分工体系成就了其第一大出口国的贸易地位，但同时中国也成为第一大碳排放国家，反映出中国在获得了贸易利益的同时付出了不可忽视的环境（碳排放）代价，贸易与环境失衡问题日渐凸显。从 2020 年全球新冠肺炎疫情暴发以来，中国正面临两大现实发展背景。一方面，全球经济面临诸多不确定性，但在 GVC 分工体系下各国通过分工合作实现经济增长仍被认为是未来重要且可行的发展方向，而且中国始终支持经济全球化并坚定实施对外开放的基本国策。另一方面，作为最大的碳排放国家，中国为应对全球气候变化自主采取一系列重要举措，同时提出了“力争2030年前实现碳达峰、2060年前实现碳中和”的“双碳”目标。那么，中国应该如何借助GVC分工体系，在不牺牲贸易、经济增长的前提下实现包括碳达峰在内的碳减排目标，同时兼具全球经济增长贡献者和全球气候变化治理者的双重身份？这将是一个值得深入关注的研究问题。

为了回答上述问题，本书根据总贸易核算框架下出口增加值分解方法，提出了基于增加值贸易核算的出口隐含碳测算方法，利用增加值来源与吸收去向构建碳排放转移衡量指标，据此分析GVC的碳排放转移效应。在此基础上，利用世界投入产出数据库（WIOD）提供最新的世界投入产出表和环境账户数据，测算并分析2000—2014年全球44个国家（地区）整体及分行业出口隐含碳排放及碳排放转移特征。在利用社会网络分析（SNA）方法考察全球碳排放转移网络的结构特征基础上，进一步使用时态指数随机图模型（TERGM）对全球碳排放转移网络的影响因素进行实证分析，为最后提出中国基于碳达峰目标的对策选择内容提供经验依据。本书的主要结论可概括为以下几个方面：

第一，在GVC分工体系下，复杂的全球碳排放转移过程呈现出明显的地区分布特征和分行业特征，这与GVC分工的影响有关。一方面，对于地区分布特征，全球碳排放转移的地区分布广泛，但碳排放转移来源与去向的地区分布集中度较高，这与GVC分工联系有较强的关联性。另一方面，对于分行业特征，制造业整体的碳排放转移规模最高，其中资本密集型制造业的碳排放转移占比在五大分行业中最高。不同国家（地区）参与GVC分工模式和要素禀赋优势的不同，导致其在不同行业碳排放转移中处于不同地位。

第二，随着GVC分工的逐渐深化，全球碳排放转移网络的联系程度、集聚程度、稳定性均发生了一定的变化。具体表现为：单向联系程度的上升使全球碳排放转移网络联系更为紧密；由于更多非核心及不同社团的边缘国家分工联系逐渐加强，全球碳排放转移网络的集聚程度有所下降，社团模块化的结构特征有所降低；全球碳排放转移网络主要呈现异配性特征，网络稳定性较差的特征在抗毁性分析中也得到了验证，但随着分工格局的演变，异配性特征正在下降。另外，块模型分析结果显示，中国等5个国家组成的第二板块为全球碳排放转移网络的主要发动机板块；Top1 网络分析还揭示出了五大分行业全球碳排放转移网络社团结构的异质性特征，这对不同行业碳排放转移网络的抗毁性能力产生了重要影响。

第三，基于 TERGM 的实证分析结果，两国间 GVC 分工联系和相对 GVC 分工地位显著地促进了碳排放转移关系的形成。上述影响作用在区域经济一体化和经济发展水平差异的显著作用中得到了进一步佐证。除 GVC 分工相关因素外，碳排放转出国的出口规模、出口污染密集度和碳排放转入国的对外直接投资、人口规模显著地促进了碳排放转移关系的形成；两国间地理距离、碳排放转出国的全要素生产率和环境规制则显著地抑制了碳排放转移关系的形成。此外，TERGM 分析结果还显示，全球碳排放转移网络具有显著的多连通性、传递闭合性及不显著的积极性，且碳排放转移关系随时间的推移趋于稳定，这些特征仍与 GVC 分工特征存在密切关联。

第四，根据加拿大等 5 个 2007 年实现碳达峰国家的特征分析结果，GVC 分工下实现碳减排的重要发展经验包括：在全球范围内寻找低碳生产环节、提升分工地位以实现出口结构低碳化发展、拥有较高的低碳技术创新水平以及提升环境规制强度。相较于上述碳达峰国家，中国碳排放转移规模整体呈上升趋势，且对外碳排放转移主要集中于传统发达国家，但从其转入的碳排放规模相对较低，同时资本密集型制造业是中国对外碳排放转移和接受碳排放转移规模最大的行业。上述碳排放转移的现状特征，表明中国仍存在借助 GVC 分工实现碳减排的空间。

第五，根据全球碳排放转移网络结构特征分析和影响因素的实证分析结果，以及代表性国家实现碳达峰的特征分析与经验借鉴，最终提出了GVC分工下中国促进实现碳达峰的对策选择内容。具体包括四个方面：其一，扩大低碳产品与节能环保服务进口，通过形成一个低碳的GVC分工网络实现贸易增长下的碳减排。其二，通过提升分工地位促进低碳贸易体系的构建，并以建设绿色“一带一路”为发展契机实现提升GVC分工地位和碳减排目标。其三，加强前沿低碳技术研发与合作，借助先进的低碳技术实现分工生产的低碳转型，助力碳达峰目标的实现。其四，制定更严格的环境规制以控制高耗能高排放产品生产与出口，同时关注政策执行力，包括碳达峰标准计量体系的建立和统计监测能力的建设等。

与现有研究相比，本书是在总贸易核算框架下建立起包括碳排放转移效应测算、碳排放转移网络特征与影响因素分析、中国对策分析等内容的统一分析框架，创新之处主要包括以下几个方面：在总贸易核算框架下，改进对外贸易隐含碳、碳排放转移、GVC分工地位等的衡量方法；从GVC分工视角，揭示并解释了全球碳排放转移网络的结构特征及其变化原因；基于TERGM的实证分析方法，同时考察了关系变量与属性变量的影响作用；从“分工联系、分工地位、低碳技术、环境规制”四个维度，提出依托GVC分工且服务于中国尽早实现碳达峰目标的对策内容。另外，受限于研究对象与范围、数据资料的可获得性，未涉及GVC和国内价值链（NVC）的互动分析、内外资企业全球碳排放转移、中国碳达峰路径模拟等内容，这些均是后续研究可进一步拓展的方向。

总之，本书利用总贸易核算方法准确地衡量了GVC分工的碳排放转移效应，通过对全球碳排放转移网络的结构特征与影响因素分析，以及对代表性碳达峰国家碳减排经验的梳理，认为存在借助GVC分工实现兼顾贸易、经济增长与碳减排的发展模式，为中国在坚持对外开放前提下实现碳减排目标提供关键的研究依据，具有重要的理论与现实意义。同时，本书提出四个方面的对策选择，与中国提出的《2030年前碳达峰行动方案》一脉相承，再次印证了所得结论的重要性。

目录

Contents

第一章　绪论

第一节　选题背景与意义

一、选题背景

20 世纪 80 年代以来，随着全球范围内关税水平的显著下降以及信息通信技术和运输技术的快速发展，跨国的复杂生产协作推动中间品贸易成为国际贸易的主流，全球价值链（Global Value Chain，简称 GVC）分工体系逐渐形成（王直等，2015）。GVC 分工体系的形成助推了全球贸易的持续增长，全球货物贸易规模已从 1980 年的 2.05 万亿美元上升至 2020 年的 17.62 万亿美元，年均增长率达 5.52%①。然而，在全球贸易增长的同时，由二氧化碳（CO_2）等温室气体排放增长引起的全球变暖问题逐渐凸显，促使人类不得不面临全球气候变化的严峻挑战。目前，全球气候变化已对人类健康（Neira 等，2014）、农业生产（Karimi 等，2018）、经济增长（Lee 等，2016）等产生了不可忽视的负面影响。根据世界气象组织（WMO）2020 年 11 月发布的 2020 年版《温室气体公报》（*Greehouse Gas Bulletin*），全球 CO_2 浓度水平在 2019 年高达百万分之

① 全球货物贸易数据来源于联合国贸易和发展会议（UNCTAD）。

410.5，较2018年增长百万分之2.6，高于近10年年均增长的百万分之2.37，逐渐逼近科学界和国际社会所认定的“安全”红线①。可见，全球变暖问题仍在加剧，全球气候治理工作已迫在眉睫，其中实现全球范围的碳减排显得尤为关键，而如何协调碳减排与贸易增长的关系成为多数国家面临的发展难题。

在GVC分工下，各国因生产引起的碳排放增长，并非全部为满足本国国内消费，还包括满足其他国家的消费需求，故在GVC中存在不同国家或地区间的碳排放转移，而国际贸易是其中主要的转移途径（Meng等，2018）。与传统分工模式相比，GVC分工的特点在于国际生产分割，表现为产品生产工序不断细化，使得同一产品的生产工序能够分布于不同国家。以iPhone 12为例，该产品零部件主要来自韩国（27.3%）、美国（25.6%）、日本（13.2%）、中国台湾（12.1%）以及中国大陆（4.7%）等国家或地区的企业②。其中，韩国企业主要提供DRAM、闪存、OLED面板等零部件，日本企业提供CMOS（摄像头零部件）、电容器等零部件，而美国则提供主要芯片。不难想象，上述零部件的生产过程和最终在中国进行组装的过程均会产生不同程度的碳排放，其最终将满足于全球不同国家消费者对iPhone 12的使用需求。值得注意的是，上述iPhone 12产品生产与贸易过程，不仅伴随着增加值的流动，还导致碳排放在国家间进行转移，即增加值流动和碳排放转移并存。在GVC分工视角下，增加值贸易统计研究能够还原各国所获贸易利益真相，基于增加值贸易核算的对外贸易隐含碳排放测算则能够揭示出GVC分工引起的真实碳排放转移过程。关于前者的核算研究已较为丰富，但关于后者的

① 除CO_2外，全球甲烷（CH_4）浓度水平在2019年达十亿分之1877，较2018年增长十亿分之8，高于近10年年均增长的百万分之7.3。

② 括号内数值表示为占比，数据根据日本调查公司Fomalhaut Technology Solutions于2020年10月发布的iPhone12的拆解调查得到，该资料来源于日经新闻网相关报道（2020－11－25）。

全面分析仍较为缺乏，这正是本书重点关注的内容。

随着GVC分工的逐渐深化，各国间的分工关系日趋复杂。由于产品内分工逐渐细化，加之更多的国家参与其中，“你中有我，我中有你”的分工联系逐渐加强，促使GVC分工的网络特征日趋明显。基于此，逐渐有学者将社会网络分析法（Social Network Analysis，SNA）引入到GVC研究，已涉及农产品贸易网络（马述忠等，2016）、制造业价值链网络（孙天阳等，2018）、离岸服务外包网络（许和连等，2018）、全球包容性增长（谢锐等，2020）、全球碳排放转移（余娟娟和龚同，2020）、FDI投资网络（钟祖昌等，2021）等方面问题。虽然相关研究领域仍处于发展起步阶段，但足以表明利用SNA方法讨论GVC相关问题已经得到了关注。现有研究不仅包括剖析不同商品和服务贸易网络、投资网络问题，还包括GVC分工网络下的经济增长模式探讨，同时碳排放转移等环境问题也成为关注焦点①。上述研究的开展与其使用的方法为本书提供了重要的研究背景和基础，也反映出在SNA方法框架下同时考察GVC分工网络和全球碳排放转移网络具有可行性。

对中国而言，深入参与GVC分工体系成就了其第一大出口国的贸易地位，但同时中国也成为第一大碳排放国家。在2000—2020年，中国货物出口的年均增长率高达12.42%，到2020年已连续12年成为了第一大货物出口国。与此同时，中国CO_2排放总量从2000年的31亿吨上升至2019年的98亿吨，并从2006年以来成为第一大碳排放国②。可见，在GVC分工体系下，中国依靠自身要素禀赋优势积极参与分工，不仅成为所谓的“世界工厂”，在一定时期内还可能成为世界的“污染天堂”。中国在获得了贸易利益的同时付出了不可忽视的环境（碳排放）代价，贸

① 关于碳排放转移网络的相关研究进展可详见第二章第二节。

② 中国货物出口数据来源于UNCTAD，CO_2排放数据来自国际能源署（IEA）。

易与环境失衡问题日渐凸显（潘安等，2019）[①]。目前来看，中国正面临两大现实发展背景。一方面，2020年全球新冠肺炎疫情暴发以来，全球经济面临诸多不确定性，在GVC分工体系下通过各国分工合作实现经济增长仍被认为是未来重要且可行的发展方向（World Bank，2020），而且中国始终支持经济全球化并坚定实施对外开放的基本国策。另一方面，全球主要国家已就全球气候治理问题达成广泛共识，正在积极为实现《巴黎协定》提出的控制气温升幅目标付出努力。对此，中国作为最大的碳排放国家，也在为应对全球气候变化自主采取一系列重要举措，包括提出“力争2030年前实现碳达峰、2060年前实现碳中和”的碳减排目标（简称“‘双碳’目标”[②]）。那么，中国应该如何借助GVC分工体系，在不牺牲贸易、经济增长的前提下实现包括碳达峰在内的碳减排目标，同时兼具全球经济增长贡献者和全球气候变化治理者的双重身份？这将是一个值得深入关注的研究问题。

为回答上述问题，有必要先认清各国参与GVC分工及其引起碳排放变化的现实发展规律，通过测算并分析GVC分工的碳排放转移效应，得到不同国家或地区在GVC分工引起碳排放转移中所扮演的差异化角色，进而为中国实现上述发展目标提供对策建议和启示。对此，本书将基于总贸易核算法构建一个衡量GVC分工碳排放转移效应的测算框架，利用世界投入产出数据库（World Input – Output Database，WIOD）最新发布的投入产出和环境账户数据分析全球碳排放转移特征，再引入SNA相关方法考察全球碳排放转移网络的结构特征和影响因素，最终为提出中国对策选择提供现实发展依据。

---

① 潘安等（2019）通过构建出口贸易利益与环境成本关系指数，发现GVC分工的确引起了中国出口贸易利益与环境关系的失衡，其中对美国等国家出口助推了失衡的产生。

② 也可称为“30·60目标”。

二、研究意义

本书的研究意义主要体现在理论意义和现实意义两个方面。在理论意义方面，拓展了贸易与环境关系的研究领域，并建立了一个完整且可行的分析框架。20 世纪 90 年代以来，贸易与环境关系成为国际经济学与环境经济学共同关注的研究主题，相关研究主要考察贸易自由化对污染（碳）排放的影响。延续上述研究趋势，本书将同时关注贸易研究中的 GVC 分工和环境研究中的隐含碳，重点分析 GVC 分工碳排放转移效应的国际问题，并将其与中国实现碳减排目标的国内问题进行结合，进一步拓展了贸易与环境关系研究的关注领域。为了更为准确地考察全球碳排放转移规模、网络及其影响因素，本书在三个方面丰富了现有研究方法。其一，改进 Wang 等（2013）提出的总贸易核算法，按增加值的来源与吸收去向对出口进行增加值分析，以准确地衡量 GVC 分工下不同国家或地区间的碳排放转移规模。其二，综合运用 SNA 不同方法探究全球碳排放转移网络的结构特征，包括从网络联系、聚集程度、稳定性三个方面构建网络特征指标、进行块模型分析和抗毁性分析。其三，不同于现有相关研究多使用二次迭代分配程序（Quadratic Assignment Procedure，QAP）分析，本书使用更为前沿的时态指数随机图模型（Temporal Exponential Random Graph Models，TERGM）对全球碳排放转移网络的影响因素进行实证分析。上述研究方法的运用或改进，为研究 GVC 分工引起的碳排放转移问题提供了较为完整的研究方法体系，能够从数据测算、现状分析以及影响因素的理论与实证分析三个方面建立起一个可行的研究分析框架，具有重要的理论意义。

在现实意义方面，不仅服务于中国在坚持对外开放的前提下实现碳达峰目标，也能为其他发展中国家应对贸易与环境失衡问题提供研究启示。作为全球第一大碳排放国和第二大经济体，中国始终积极参与全球气候治理，履行作为碳排放大国的相关职责和承诺。从2009年在哥本哈根世界气候大会上宣布具体碳减排目标，到2015年在应对气候变化国家自主贡献文件①中明确CO_2排放2030年左右达峰并争取尽早达峰的目标，再到2020年宣布努力争取2060年前实现碳中和，这些都充分展示了中国负责任大国的担当。截至2021年，2009年提出的2020年碳减排目标②已提前实现，正在为实现2030年碳达峰、2060年碳中和目标努力。因此，在短期内，基于GVC分工碳排放转移效应分析结果得到的中国对策选择，能够有效地服务于中国实现碳达峰目标，而且这是以中国坚持对外开放、深度参与GVC分工为前提。这也有助于中国摆脱发展初期面临贸易利益与环境失衡的发展困境，其具有的现实意义显而易见。另外，中国作为最大的发展中国家，在应对全球气候变化方面具有一定的发展经验。中国在实现经济增长和碳减排"双赢"发展过程中，面临的挑战和探索的对策，同样会为其他发展中国家提供重要的经验借鉴。

总之，本书所选研究主题源于中国提出实现碳达峰目标的现实发展需要，以期通过建立GVC分工引起碳排放转移的完整分析框架，为中国借助GVC分工体系实现经济增长与碳减排"双赢"目标寻求可行答案，因此具有重要的理论和现实意义。

① 该文件名为《强化应对气候变化行动——中国国家自主贡献》，其为中国向联合国气候变化框架公约（United Nations Framework Convention on Climate Change，UNFCCC）秘书处提交的国家自主贡献文件。

② 该目标为到2020年单位国内生产总值CO_2排放比2005年下降40%—45%。根据《全球生态环境遥感监测2018年度报告》，中国已提前3年完成上述碳减排目标。

第二节 研究思路与方法

一、研究思路

本书在现有对外贸易隐含碳研究基础上引入改进后的总贸易核算法，构建 GVC 分工的全球碳排放转移效应测算框架，并结合 SNA 方法考察全球碳排放转移网络的结构特征和影响因素，进而为提出中国对策选择提供依据。主要的研究思路如下：

首先，改进 Wang 等（2013）提出的总贸易核算法，将一国总出口分解为 17 个部分，得到 GVC 分工下各国（地区）出口中增加值的来源与吸收去向，作为衡量 GVC 分工下碳排放转移的依据。基于所建测算框架，利用 WIOD 最新发布的投入产出和环境账户数据，测算 2000—2014 年全球碳排放转移规模，为后续的全球碳排放转移网络分析提供数据基础。

其次，基于得到的全球碳排放转移规模结果，构建全球碳排放转移网络，从网络联系、网络集聚程度、网络稳定性三个方面构建特征指标分析全球碳排放转移网络的结构特征，进一步利用块模型分析和抗毁性分析更为全面地考察全球碳排放转移网络特征。

再次，在全球碳排放转移网络分析基础上，先对 GVC 分工联系、GVC 分工地位等 GVC 相关因素以及其他因素的影响作用进行理论分析，在 GVC 分工联系和相对 GVC 分工地位现状分析的基础上，构建 TERGM 以实证分析 2000—2014 年全球碳排放转移网络的影响因素，以期为后续提出中国对策选择提供重要的经验依据。

最后，根据全球碳排放转移网络影响因素的实证分析结果，结合代表性碳达峰国家的特征分析，总结 GVC 分工下的碳减排经验。进一步结合 GVC 分工下中国碳排放转移的特征分析，提出在 GVC 分工下符合中国国情、服务于实现碳达峰目标的对策选择内容。

二、研究方法

在进行 GVC 分工的碳排放转移效应及中国对策研究中，主要运用的研究方法包括以下几个方面：

第一，文献解析法。通过搜集整理国内外文献，对贸易隐含碳排放、碳排放转移网络、GVC 分工的环境效应以及中国对策等方面研究进行系统性梳理，评述相关研究领域可能存在的不足与可拓展之处，为提出研究问题、构建测算框架、分析网络结构特征以及实证分析影响因素等内容的展开提供了重要的文献基础。

第二，投入产出分析方法。投入产出模型是增加值贸易核算和对外贸易隐含碳研究共同的模型基础，也是将两方面进行结合研究的方法基础。为此，将沿用投入产出方法，在构建多区域投入产出模型基础上，引入总贸易核算方法对出口进行增加值分解，并据此计算各国（地区）的出口隐含碳排放以及由 GVC 分工引起的碳排放转移规模。另外，还使用投入产出方法构建并计算了 GVC 分工的相关衡量指标，以此作为实证分析全球碳排放转移网络影响因素的变量基础。

第三，社会网络分析法（SNA）。SNA 方法在全球碳排放转移网络分析中得到了广泛的运用。首先，通过 SNA 方法构建 GVC 分工下的全球碳排放转移网络，并利用网络密度、平均路径长度、互惠系数、集聚系数、模块度、同配性以及网络效率等指标和块模型，全面地分析全球碳排放转移网络的结构特征。其次，借助 Top1 网络分析方法和抗毁性分析对全球碳排放转移网络的分行业结构特征及网络稳定性进行针对性考察。

第四，时态指数随机图模型（TERGM）分析。在全球碳排放转移网络影响因素的实证分析中，借鉴了 Hanneke 等（2010）提出的 TERGM 作为实证分析的模型基础，据此考察 GVC 分工对全球碳排放转移网络的影响。与传统静态的 ERGM 分析和 QAP 分析不同，该模型能够将多期网络作为一个整体进行分析，同时还可以考察不同时间点上网络数据的相关性。

第三节　研究内容与技术路线

一、研究的主要内容

根据前文所述研究思路，研究的主要内容包括测算框架构建、特征分析、影响因素分析和对策选择等，具体包括：

第一章　绪论。基于 GVC 分工和全球气候变化的现实背景，结合中国面临的贸易与环境失衡困境和提出的碳达峰等目标，先对选题背景和研究意义进行介绍，再对研究思路与方法、研究内容与技术路线进行逐一说明。

第二章　文献综述。根据研究内容，主要围绕贸易隐含碳排放、碳排放转移网络、GVC 分工的环境效应三个方面对相关文献研究进行梳理与评述。在贸易隐含碳排放研究方面，在总结相关测算方法发展脉络基础上，分别从对外贸易隐含碳排放和区域间贸易隐含碳排放两方面进行文献综述。在碳排放转移网络方面，重点关注碳排放转移网络的构建、特征以及影响因素分析。在 GVC 分工的环境效应方面，主要从直接环境效应和间接环境效应两个方面进行文献梳理，并对现有研究中提出的中国对策进行分类汇总。

第三章　GVC 分工的全球碳排放转移效应测算框架与特征分析。在总贸易核算框架下，提出一国出口隐含碳排放的测算方法，根据增加值的来源与吸收去向构建碳排放转移衡量指标。根据上述建立的碳排放转移效应测算框架，利用 WIOD 数据对 2000—2014 年全球出口隐含碳排放及碳排放转移规模进行分析，再关注到全球碳排放转移的地区分布和分行业特征。

第四章　GVC 分工下的全球碳排放转移网络分析。在构建全球碳排放转移网络基础上，从网络联系、聚集程度、稳定性三个方面构建七个网络特征指标以衡量全球碳排放转移网络的结构特征。在此基础上，利用块模型分析和 Top1 网络分析分别对整体行业和分行业碳排放转移网络的结构特征进行补充分析。最后，利用随机性攻击和选择性攻击对整体及分行业碳排放转移网络的抗毁性能力进行分析与比较。

第五章　全球碳排放转移网络的影响因素：理论与实证分析。在对 GVC 分工联系、GVC 分工地位等 GVC 相关因素以及其他因素的影响作用进行理论分析基础上，结合 GVC 分工联系和相对分工地位的现状分析，利用 TERGM 以实证分析 2000—2014 年全球碳排放转移网络的影响因素，并通过更换估计方法、设置时间间隔、进行 ERGM 估计、拟合优度检验以及仿真网络分析对所得结论的稳健性进行分析。

第六章　基于碳达峰目标的中国对策选择。根据已实现碳达峰五国的特征分析，从参与 GVC 分工、提升 GVC 分工地位、鼓励低碳技术创新以及提升环境规制强度四个方面对 GVC 分工下的碳减排经验进行总结梳理，并结合 GVC 分工下中国碳排放转移的特征分析，提出中国基于碳达峰目标的对策选择。

第七章　研究结论与展望。对得到的主要研究结论进行阐述，并结合研究的不足提出未来研究展望。

二、研究的技术路线

根据前文所述的研究思路和内容，本书按照以下技术路线逐一展开研究：研究现状→测算框架→转移网络分析→影响的理论与实证分析→中国对策选择。具体的技术路线图见图 1－1。

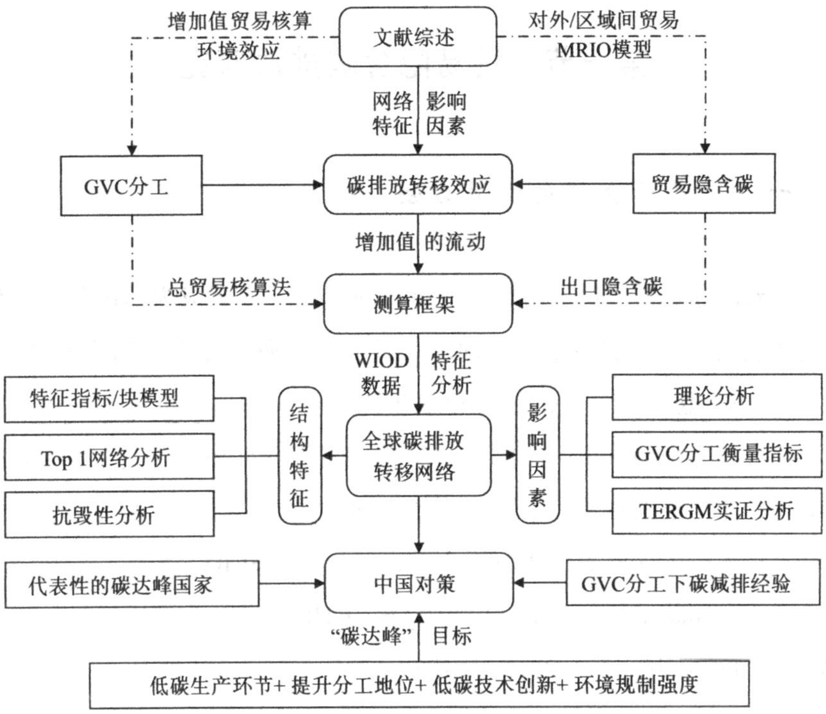

图 1－1　研究的技术路线图

第二章　文献综述

第一节　贸易隐含碳排放研究

一、贸易隐含碳的测算方法

随着国际贸易的快速发展，贸易与环境关系逐渐成为国内外学者研究的热点问题，而贸易隐含碳问题又是其中的研究焦点（潘安和魏龙，2015）。贸易隐含碳研究的展开得益于环境投入产出分析技术的逐步发展，该方法源于 Leontief（1970）关于经济发展与环境能源关系的投入产出分析方法。根据研究对象和范围的不同，环境投入产出模型主要分为单区域投入产出（Single – Region Input – Output，SRIO）模型、双边贸易投入产出（Bilateral Trade Input – Output，BTIO）模型和多区域投入产出（Multi – Region Input – Output，MRIO）模型（Sato，2014）。

具体而言，SRIO 模型多用于研究单一国家（地区）情形的贸易隐含碳问题，其假设进口产品与本国（地区）产品具有相同的生产技术，即采用“进口替代假设”（也称“国内技术假设”）对进口隐含碳进行测算。可见，SRIO 模型计算过程相对简单，且对数据要求不高，但由于忽视技术异质性，该模型的测算结果与现实相比存在较大误差。与之不同，BTIO 模型主要用于核算双边贸易隐含碳排放，该模型认为不同国家（地区）的生产技术存在差异，故在测算时采用了各国（地区）相对应的碳排放系数，有利于改进 SRIO 模型采用进口替代假设所引起的测算结果误差。然而，该模型的不足在于，仍然未考虑进口产品中作为中间品投入的部分，这在 MRIO 模型中得到了改进。MRIO 模型广泛地运用于测算国家（地区）间的贸易隐含碳排放，不仅考虑了技术异质性，同时还将进口产品分为中间投入和最终需求两部分，更接近于现实发展条件，现已成为贸易隐含碳排放测算研究中最为主要的分析模型之一。此外，得益于投入产出数据库的发展，已有部分学者开始对 MRIO 模型进行不同方面的拓展，例如孟凡鑫等（2019）在 MRIO 模型基础上构建了环境拓展的多尺度嵌套的全球投入产出模型（EE－MSIO），对进出口贸易在全球范围内引起的碳排放进行测算分析。受制于不同数据库的匹配，EE－MSIO 模型大多仅能测算单一年份的贸易隐含碳排放。

除环境投入产出模型外，生命周期法（Life Cycle Assessment，LCA）、碳足迹（Carbon Footprint，CF）、可计算一般均衡（Computable General Equilibrium，CGE）模型等方法在隐含碳研究中也得到了一定范围的运用（Sato，2014）。其一，LCA 方法可以深入分析产品或服务在整个生命周期内消耗的能源等全部原料消耗量，进而通过原料消耗量数据计算出各个环节及总的碳排放量。该方法已在测算白酒生产（王晓莉等，2014）、轮胎生产（王兆君等，2017）等产品整个生命周期内的碳排放中得到了运用。其二，CF 方法主要来源于生态足迹（Ecological Footprint），其方法核心是包括了产品在生产过程中所产生的间接碳排放，衡量的是基于消费需求所引致的所有隐含碳排放。例如，侯玉梅等（2012）利用 CF 方法测算了 2004—2008 年中国钢铁行业的碳排放，发现钢铁生产过程中产生的碳排放主要是燃料的燃烧所致，其中煤炭类能源占有相当大的比例。其三，CGE 模型可以用来测量和模拟社会经济结构变化所引起的碳排放量。例如，牛玉静等（2012）在假定市场是完全竞争的条件下，利用

CGE 模型定量分析了全球各区域减排政策的碳泄漏情况，认为美国参与减排可使全球碳泄漏总量下降约 13%。此外，还有学者将上述研究方法与其他环境分析方法进行结合，如吴明等（2018）结合 LCA 方法和物质流核算（Material Flow Accounting，MFA）两种方法，探究了石油行业的碳排放情况，测算结果显示 1 吨原油的碳排放量约 670 千克，其中隐含碳排放量占 23%，焦炭、天然气燃烧及电力的发电过程是隐含碳排放的主要来源。

接下来，将围绕一国（地区）对外贸易隐含碳排放、双边贸易隐含碳排放、多国（地区）对外贸易隐含碳排放、区域间贸易隐含碳排放等不同方面，对贸易隐含碳排放问题研究进展进行详细梳理。

二、一国（地区）对外贸易隐含碳排放

关于一国（地区）的对外贸易隐含碳排放，早期研究主要集中于巴西、意大利、美国等国家。第一，对于巴西而言，Schaeffer 和 de Sá（1996）较早地基于 SRIO 模型测算了该国 1970—1993 年非能源产品的对外贸易隐含碳排放，发现从 1980 年开始巴西出口隐含碳总量开始超过进口隐含碳；Machado 等（2001）进一步测算了巴西 1995 年非能源产品中的贸易隐含碳，得到 1995 年巴西非能源生产部门的碳排放总量为 99.4Mt，其中进口和出口隐含碳排放分别为 9.9Mt 和 13.5Mt，即出口 1 美元商品隐含的碳排放比进口多 56%。上述研究均表明，巴西决策者应该重视国际贸易政策对本国碳排放产生的额外影响。第二，对于意大利的对外贸易隐含碳问题，Mongelli 等（2006）通过分析该国各部门的温室气体排放状况，发现 20 世纪 90 年代意大利进口贸易中的隐含碳以年均 6.8% 的速度增长，到 2000 年时进口隐含碳已占到碳排放总量的 18%，其中大部分来自发展中国家和转型期经济体。与前期研究多采用 SRIO 模

型不同，Ali 等（2018）采用 MRIO 模型对意大利 1995—2009 年的对外贸易隐含碳进行了测算，结果发现意大利的碳足迹增加了 19% 左右，在 2009 年达到了 6.29 亿吨 CO_2 当量，占到世界碳排放总量的 2.30%。第三，在美国的对外贸易隐含碳方面，Weber 和 Matthews（2007）在进口替代假设下测算了美国来自前七大贸易伙伴（包括加拿大、中国、墨西哥、日本、德国、英国、韩国）的进口贸易隐含碳，测算结果显示出美国进口隐含碳从 1997 年的 0.5—0.8Gt 增长到 2004 年的 0.8—1.8Gt，分别占美国当年碳排放总量的 9%—14% 和 13%—30%（占全球的 2%—4% 和 3%—7%）。

除上述国家外，澳大利亚、西班牙、英国、新加坡等发达经济体（Lenzen，1998；Sánchez - Chóliz 和 Duarte，2004；Baiocchi 和 Minx，2010；Su 等，2017）以及俄罗斯、印度等新兴经济体（赵玉焕等，2014；赵玉焕和刘娅，2015；Sun 等，2020）的对外贸易隐含碳排放问题也得到了学者们的关注。进一步地，还有学者对不同国家的对外贸易隐含碳排放进行比较分析。例如，Wiebe 等（2012）基于 MRIO 模型测算并比较了 1995—2005 年六大新兴经济体（包括巴西、俄罗斯、印度、中国、南非、阿根廷）的对外贸易隐含碳；Meng 等（2018）则比较了 2004—2011 年六大发展中国家和地区（包括中国、印度、中东和北非、拉丁美洲和加勒比地区、撒哈拉以南的非洲及其他亚太地区）的对外贸易隐含碳，发现发展中国家和地区的出口隐含碳主要是为满足发达国家和地区消费所产生，同时南南贸易中的隐含碳也从 0.47Gt 上升至 1.1Gt，年均增长率约为 1.33%。

近年来，随着中国碳排放规模的逐渐增长，中国对外贸易隐含碳问题成为国内外学者关注的热点问题。对于中国整体层面的对外贸易隐含碳，早期研究多采用 SRIO 模型进行测算分析。例如，齐晔等（2008）采用典型国家（日本）替代的方法对进口产品的碳耗系数进行计算，据此衡量了1997—2006年中国的对外贸易隐含碳，发现中国碳排放总量在2003年后呈明显的增长趋势，同时认为无论是以中国还是日本的碳耗系数进行估计，中国都是隐含碳的净出口国。Yan和Yang（2010）则对1997—2007年中国对外贸易中的碳排放量进行了重新测算，发现中国出口造成的全球净“额外”碳排放量为48.94亿吨，反映出发达国家通过进口中国产品转移碳排放的同时，还导致全球“额外”增加了大量的碳排放。赵玉焕和刘月（2011）在排除进口中间产品的影响后，测算得到中国出口贸易隐含碳从1999年的3.8亿吨增长到2008年的11.9亿吨，其中12%—24%是为满足国际市场产品消费而产生。与之相同，王丽丽等（2012）也考虑了进口中间品，并对2002—2007年中国的对外贸易隐含碳情况进行了测算和分析，发现我国出口隐含碳大部分来自于重工业，其次是高科技工业、轻工业和其他制造业。

随着投入产出数据库的逐渐发展和环境投入产出技术的逐渐成熟，相关学者开始基于MRIO模型对中国的对外贸易隐含碳问题展开研究，并取得了较为丰富的研究成果。代表性研究包括，彭水军等（2015）采用MRIO模型从生产侧和消费侧测算了1995—2009年中国的碳排放，揭示出“发达国家消费，中国污染”的典型事实。潘安和魏龙（2016）利用MRIO模型，计算了中国1995—2011年的贸易隐含碳排放，认为中国对外贸易隐含碳排放的地区分布较为集中，其中出口隐含碳主要集中在美国、日本、韩国等地区，进口隐含碳则主要集中在韩国、中国台湾、俄罗斯等地区；就细分行业而言，重制造业、轻制造业、能源工业等工业行业是中国对外贸易隐含碳的主要排放部门。在考察整体对外贸易隐含碳排放基础上，部分学者还针对性地关注到了中国不同行业部门的对外贸易隐含碳问题。例如，Chen等（2016）考察了2012年中国各工业部门的贸易隐含碳排放，研究发现我国工业部门的生产侧碳排放主要集中在电力和热力的生产和供应、黑色金属冶炼与压延和非金属矿产品制造等传统能源与碳密集型部门，而消费侧碳排放则主要来源于建筑业。李晨等（2018）还测算了2005—2014年中国水产品的对外贸易隐含碳，得到中国水产品的出口贸易隐含碳呈现先降后升趋势，进口贸易隐含碳则呈波动趋势，其中出口隐含碳从161.18万吨上升至171.94万吨，而进口隐含碳则一直维持在50.00万吨左右。

三、双边贸易隐含碳排放

在双边贸易隐含碳排放研究中，中国参与双边贸易的隐含碳问题是一个关注焦点，研究主要涉及中国与发达国家、新兴经济体以及其他发展中国家等。

一方面，中国与发达国家贸易隐含碳问题的研究对象主要包括美国、日本、澳大利亚等。鉴于中美两国是世界上最大的两个碳排放国家，两国间贸易隐含碳问题得到了广泛关注。Shui 和 Harriss（2006）较早地结合投入产出方法和 LCA 方法，考察了1997—2003年中美贸易对双边和全球碳排放的影响。他们认为，如果1997—2003年从中国进口的商品在美国生产，美国的碳排放量将从3%增加到6%；中国约7%—14%的碳排放是为满足美国的最终需求所产生的，中美贸易使全球碳排放增加了7.2亿吨。赵玉焕等（2013）进一步采用 MRIO 模型对1995—2009年中美两国之间的贸易隐含碳进行了重新测算，发现2009年中国对美国的出口隐含碳较1995年增长了308.31%，进口隐含碳同期增长了305.18%。刘竹等（2020）还通过构建 CO_2 排放清单和 MRIO 模型，定量估算了2017年的中美贸易隐含碳排放，结果显示该年中国对美国的出口隐含碳排放达2.88亿吨，同期美国对中国的出口隐含碳排放仅为0.46亿吨，反映出中国在中美贸易中有明显的环境成本逆差。中国所处的上述碳排放地位与 Du 等（2011）、Xu 等（2019）、Liu 等（2020）等的研究结论相一致。就中日贸易而言，Wu 等（2016）使用时间序列的多区域投入产出表和环境扩展的双边贸易投入产出方法，估计了 2000—2009 年中日贸易中的隐含碳排放，得到 2009 年中国对日本的出口隐含碳和日本对中国的出口隐含碳较 2000 年分别增长了 61% 和 144%。在 MRIO 模型框架下，赵玉焕等（2014）、马晶梅等（2016a）分别测算了 1995—2009 年、2000—2011 年中日贸易隐含碳排放规模，均认为两国间贸易加剧了中国环境的恶化，在一定程度上验证了中国成为日本转移高碳产业的“污染天堂”。就中澳贸易而言，Tan 等（2013）发现中澳贸易的隐含碳总量从 2002 年的 20Mt 增加到 2010 年的 51Mt，该时期内中国对澳大利亚的出口隐含碳约占中国碳排放总量的 0.34%，澳大利亚对中国的出口隐含碳约占澳大利亚碳排放总量的 3.2%。Jayanthakumaran 和 Liu（2016）进一步测算了 2010—2011 年中澳贸易中的隐含碳，结果显示中国在中澳贸易中隐含碳排放顺差为 30.94Mt，中澳贸易使全球碳排放总量减少了 20.19Mt。在上述研究基础上，Wang 等（2019）和 Huang 等（2020）分别估算了 2000—2014 年和 1990—2015 年中澳之间的贸易隐含碳，均得出中国是中澳贸易中的隐含碳净出口国的结论，这与 Tan 等（2013）、Jayanthakumaran 和 Liu（2016）等研究结论保持一致。除上述发达经济体外，还有学者特别关注到了中国与欧洲国家双边贸易隐含碳问题，如 Li 和 Hewitt（2008）分析了 2004 年中英双边贸易中的隐含碳排放，Wang 等（2019）考察了 2001—2008 年中德贸易隐含碳排放，兰天和夏晓艳（2020）则测算了 2000—2011 年中欧制造业双边贸易产生的隐含碳排放。

另一方面，对于中国与新兴经济体及其他发展中国家之间的贸易隐含碳问题，现有的研究对象主要包括韩国、金砖国家以及非洲国家等。对于中韩贸易，Yu 和 Chen（2017）通过分析 2000—2010 年中韩双边贸易中的隐含碳变化趋势，认为中国在生产同等价值的产品时所产生的碳排放比韩国多。Yoon 等（2020）进一步采用 MRIO 模型考察了 1995—

2009年中韩制造业双边贸易中的隐含碳，计算结果表明两国的出口隐含碳均有所增加，其中中国对韩国制造业出口中的隐含碳从17Mt上升至47Mt，韩国对中国制造业出口的隐含碳从7Mt增加到35Mt。在金砖国家方面，潘安和魏龙（2015）通过构建MRIO模型，测算了1995—2011年中国与其他金砖国家之间的贸易隐含碳排放量，揭示出中国在不同双边贸易中所处的不同地位特征，认为中国已经成为部分新兴经济体的“污染天堂”。Wang和Yang（2020）还特别关注到了中印贸易隐含碳问题，测算发现2000—2015年两国间贸易隐含碳均呈现出明显的增长趋势，其中中国对印度的出口隐含碳总量增加幅度达499.74%，而印度对中国的出口隐含碳增加更是高达572.82%。在中非贸易方面，Ji等（2020）在MRIO模型下测算了2000—2015年中非双边贸易隐含碳排放，认为中国对非洲的出口隐含碳已在2012年达到峰值，同时非洲对中国的出口隐含碳仍呈逐年递增趋势，但该数值与其从中国进口的隐含碳相比极小。根据Ji等（2020）的测算结果，南非以65866.27Kt的隐含碳流入量位居第一，其次是尼日利亚、埃及、阿尔及利亚和摩洛哥；除安哥拉是中国唯一的碳净出口国外，其他所有非洲国家都是碳净进口国。总之，中国对非洲的出口隐含碳远超过非洲对中国的出口隐含碳。

除中国参与双边贸易隐含碳外，也有部分学者对其他双边贸易的隐含碳问题进行了考察，如美日贸易、美德贸易、美非贸易、欧非贸易等。其中，Wang和Zhou（2019a）运用MRIO模型对2000—2011年美日贸易隐含碳进行了分析，认为美国用平均每年0.45%的GDP损失换取了对日本出口的0.20%隐含碳，这表明美国在美日双边贸易中的经济损失超过了所获得的环境收益。从细分行业来看，Wang和Zhou（2019a）发现日本对美国过半的出口隐含碳集中在制造业，表现出日本对美国出口隐含碳的行业单一性，而美国对日本出口隐含碳的行业分布则更为均衡。与此同时，Wang和Zhou（2019b）又对2000—2015年美德贸易隐含碳进行了量化分析，发现美德贸易中的隐含碳占德国出口隐含碳总量的比重超过了其占美国出口隐含碳总量的比重，而且制造业是德国出口隐含碳的主要来源，服务业则是美国出口隐含碳的主要来源。Ji 等（2020）还在 MRIO 模型下测算了 2000—2014 年美国和欧盟与非洲之间的贸易隐含碳。通过对比，他们发现从 2000 年到 2015 年非洲对欧盟的出口隐含碳增长了约 31%，同时欧盟对非洲的出口隐含碳一直为净流出状态。相比之下，美国和非洲之间的贸易隐含碳排放量相对较小，美国对非洲的出口隐含碳在研究期间内上升了 97.3%，而非洲对美国的出口隐含碳则下降了 20.9%。

四、多国（地区）对外贸易隐含碳排放

对于多个国家（地区）的对外贸易隐含碳问题，学者们多以经济组织为研究对象，具体包括 OECD 国家、G7 国家、金砖国家等。第一，OECD 国家贸易隐含碳是较早被关注的研究问题。代表性研究有：Wyckoff 和 Roop（1994）利用加拿大、法国、德国、日本、英国和美国等 6 个 OECD 国家的投入产出表，基于进口替代假设测算了各国制造业部门的对外贸易隐含碳。根据 Wyckoff 和 Roop（1994）的测算结果，20 世纪 80 年代中期，上述 OECD 国家的进口制成品中含有超过 3 亿吨的隐含碳，占到生产侧碳排放的 13%。Yamano 和 Guilhoto（2020）还比较了 OECD 和非 OECD 国家贸易隐含碳排放，发现美国不仅是 OECD 国家中第一大碳排放国家，还是最大的隐含碳净进口国家。第二，G7 国家作为传统的发达经济体代表，与其有关的贸易隐含碳问题也得到了诸多学者的关注。例如，Chen 和 Chen（2011）对 G7 国家对外贸易隐含碳排放量进行了测算，发现 G7 国家存在 1.53Mt 的净出口隐含碳盈余；闫云凤等（2014）进一步在 MRIO 模型框架下测算了 1995—2009 年 G7 国家的贸易隐含碳，结果显示 G7 国家每年的生产侧碳排放都小于消费侧碳排放，反映出发达国家是

主要的碳排放消费国。第三，随着在全球经济与贸易发展中地位逐渐提升，金砖国家的对外贸易隐含碳研究也逐渐受到重视。江洪（2016）对1995—2011年金砖四国（不包括南非）的对外贸易隐含碳进行了测算和对比分析，发现金砖四国进出口隐含碳总量呈不同程度的增长趋势。其中，中国的进出口贸易隐含碳规模最大且增速最快，俄罗斯的出口隐含碳占碳排放总量的比重处于最高水平，印度的进口贸易隐含碳占碳排放总量的比重处于最高水平。根据以上测算结果，江洪（2016）认为中国和俄罗斯在一定程度上已经成为“污染天堂”，而印度和巴西则不属于“污染天堂”。Zhang等（2019）还特别分析了2009年金砖国家的对外贸易隐含碳排放水平，该年金砖国家的出口隐含碳和进口隐含碳排放总量分别超过2.5Gt和1.1Gt，表明金砖国家在国际贸易中存在着明显的隐含碳排放盈余，即处于隐含碳净出口状态。

值得注意的是，随着“一带一路”倡议的提出与逐步落实，贸易隐含碳排放研究领域内的学者们开始将研究对象拓展至“一带一路”沿线国家。例如，姚秋蕙等（2018）较早地测算了2012年“一带一路”沿线65个国家（地区）的对外贸易隐含碳，研究发现全球95%以上的隐含碳净流出发生在“一带一路”沿线地区，其中美欧等发达国家的消费所引发的碳排放所占比重约为30%。孟凡鑫等（2019）测算得到2010年中国出口到“一带一路”沿线典型国家的隐含碳为228.85Mt，中国从“一带一路”沿线典型国家进口的隐含碳为171.56Mt。Hou等（2020）在利用GTAP9数据库和MRIO模型的基础上，测算了2004—2011年“一带一路”沿线88个国家（地区）的贸易隐含碳，变化趋势分析表明“一带一路”沿线国家温室气体生产和消费排放量持续增加，到2011年分别达到123.2亿吨和121.7亿吨碳排放当量。通过分析对比，Hou等（2020）认为，相较于非“一带一路”沿线国家，“一带一路”沿线国家之间人均碳排放强度的不平衡问题更为突出。

进一步地，较多学者还对全球贸易层面的隐含碳排放问题展开了一系列研究，所涉及的国家更为广泛。例如，在国外研究方面，Perters 和 Hertwith（2008）将研究对象聚焦到了全球 87 个国家（地区）的对外贸易隐含碳排放，发现上述国家在 2001 年的对外贸易隐含碳排放量共计 5.3Gt，约占世界总碳排放量的 25%。其中，出口隐含碳占碳排放总量的比重在 7.4%—59.7% 之间，有半数以上国家的出口隐含碳占比超过 25%，也有部分国家占比在 50% 左右；进口隐含碳占比在 5.9%—219.3%之间，且有 9 个国家（地区）的这一数值超过了 100%。Deng 和 Yan（2017）使用 WIOD 数据库的投入产出数据，测算了 1995—2009 年全球贸易视角下的隐含碳，发现贸易隐含碳规模最大的国家为美国、中国、日本和印度。上述四个国家直接碳排放系数和总碳排放系数最高的部门是电力、天然气和供水。

在国内研究方面，马述忠和黄东升（2011）基于 MRIO 模型测度了 1995—2005 年全球 55 个国家（地区）的贸易隐含碳，得到国际贸易所引致的碳排放从 1995 年的 26.17 亿吨增长到 2005 年的 44.96 亿吨，占全球碳足迹比重从 13.48% 上升至 17.48%。韩中等（2018）则从最终需求视角测算和分析了世界主要国家（地区）的对外贸易隐含碳，认为中国的出口隐含碳排放总量位居世界第一，且发展中经济体的出口隐含碳主要集中在采掘业、重工业等，而欧盟等发达经济体的出口隐含碳则主要集中在服务业。需要关注的是，韩中等（2018）发现欧盟等发达经济体所消费的隐含碳中大部分为“境外排放”，且主要来源于中国等发展中经济体；中国、印度两国的贸易隐含碳排放主要是由最终产品出口引致的，而俄罗斯、澳大利亚等经济体的贸易隐含碳排放主要是由中间产品出口引致的。除上述研究外，王文举和向其凤（2011）、蒋雪梅和刘轶芳（2013）、吴开尧和杨廷干（2016）、高静和刘国光（2016）、乔小勇等（2018）也从全球贸易视角对对外贸易隐含碳展开研究。

五、区域间贸易隐含碳排放

除上述对外贸易隐含碳研究外，贸易隐含碳的另一重要研究就是区域间贸易隐含碳问题，主要考察的是一国（地区）内部不同区域间贸易所隐含的碳排放。为保证文献综述的完整性，也对区域间贸易隐含碳排放研究文献进行了梳理。从现有研究来看，该领域研究主要集中于中国国内各区域间的贸易隐含碳问题，而其多从省域和区域两个维度展开分析。

在省域维度，张增凯等（2011）基于 2002 年中国多区域投入产出表，通过构建环境投入产出模型测算了中国省际贸易中的隐含碳，并分析其地区分布特征。他们发现，我国省际间碳排放总量存在较大差异，生产侧碳排放总量较高的省份主要集中在华北地区（包括河北、山东、河南等），空间分布呈现出北部地区大于南部地区、沿海地区大于内陆地区的整体格局；从消费侧来看，各省单位 GDP 碳排放差异明显小于生产侧，说明消费责任原则更加真实地反映了各省份的实际碳减排责任。Guo 等（2012）同样分析了 2002 年中国省际贸易中的隐含碳，认为沿海省份的碳排放占中国排放总量的比重最高，而内陆省份直接碳排放强度较高。值得注意，Guo 等（2012）认为基于生产侧的碳排放数据更为准确地反映了中国碳排放的空间布局，而基于消费侧的碳排放数据可消除贸易对各省碳排放的影响。随着中国地区投入产出表的陆续发布，相关研究也逐渐得以展开。例如，Feng 等（2013）测算了 2007 年中国省际层面贸易中的隐含碳，得到中国 57% 的碳排放是由生产地以外最终消费引致的结论，还发现沿海省份高达 80% 的碳排放来自中西部欠发达省份，为中国省际贸易间存在严重“碳泄漏”的观点提供了证据。Wang 等（2018）进一步计算了 2007 年和 2010 年中国各省的贸易隐含碳，发现山东隐含碳排放量最高，而河北在省际间的出口贸易隐含碳排放水平最高。为证明“污染天堂”假说在中国的适用性，Zhou 等（2018）通过估算 2002—2012 年中国省际贸易中的隐含碳，得到了我国省际贸易隐含碳主要通过碳密集型制造业从西北等欠发达地区向东海岸等发达地区转移的现实证据。Chen 等（2019）则从生产、消费和收入三个角度，对 2012 年中国省际隐含碳进行了定量研究。根据相关测算结果可知，中国 64% 和 35% 的碳排放量分别在最终需求和初始投入的驱动下在各省之间转移；对河北、辽宁和河南等重工业化省份而言，基于生产的排放量高于基于消费和收入的排放量；第三产业是中国收入型碳排放量的主要贡献者，其碳排放总量为 2026Mt，占中国收入型碳排放总量的 31%。据此，Chen 等（2019）认为在不减少第三产业与碳密集型产业关联的情况下发展第三产业并不利于中国的碳减排。

在区域维度，长江中游地区、京津冀地区、长江经济带等成为重点研究对象。具体而言，Chen 等（2019）测算分析了 2007 年、2010 年和 2012 年中国长江中游地区的贸易隐含碳排放，结果显示长江中游地区的生产侧碳排放量高于消费侧碳排放量。其中，湖南、湖北是主要的净流出地区，安徽、江西是主要的净流入地区；长江中游地区产业呈现出高碳锁定现象，高碳锁定流出产业主要集中在交通仓储业、农业和化工业，高碳锁定流入主要集中在金属冶炼和压延加工业、食品制造和烟草加工业、建筑业。同样基于 2002 年、2007 年和 2012 年的多区域投入产出表，蒋雪梅和郑可馨（2019）则关注到了京津冀地区间的贸易隐含碳，认为天津与河北单位贸易隐含碳排放强度要远高于北京，北京对河北、天津的出口碳排放多集中在电力热力的生产和供应、专用及通用设备和食品加工等部门。黄和平等（2021）还运用 MRIO 模型测算了 2007—2015 年长江经济带 11 个省份的调出隐含碳，结果反映出长江经济带调出隐含碳总量呈逐年递增的趋势，各省调出隐含碳呈现出从西到东递增的空间分布。从分部门结果来看，黄和平等（2021）发现长江经济带各部门的调出隐含碳总体呈上升趋势，主要来源于工业部门，其调出隐含碳所占比重最大时高达96.55%，但从2012年开始，该部门的调出隐含碳呈明显的下降趋势。

第二节 碳排放转移的网络特征与影响因素研究

一、基于贸易隐含碳的碳排放转移

在环境投入产出模型框架下测算得到的贸易隐含碳排放，为深入考察不同贸易活动引起的碳排放转移提供了数据基础。接下来，分别从国家（地区）间碳排放转移、全球碳排放转移、一国区域间碳排放转移三个方面对基于贸易隐含碳的碳排放转移研究文献进行梳理。

首先，国家（地区）间碳排放转移主要体现在“南北贸易”碳排放转移，相关研究能够揭示出发达国家与发展中国家之间存在的“碳泄漏”问题。鉴于中国兼具最大的发展中国家和碳排放国家等身份，与中国有关的碳排放转移研究成为“南北贸易”碳排放转移研究的核心内容，包括中美贸易、中日贸易、中德贸易等。第一，在中美贸易引起的碳排放转移方面，Du等（2011）较早地基于能值/美元比率（EDR）的投入产出分析，测算了2002—2007年中美隐含碳排放转移水平，得到中国是中美贸易中的隐含碳净转入国，即证实了“碳泄漏”在中美两国间的存在性。在此基础上，邓荣荣和陈鸣（2012）、赵玉焕和李洁超（2013）分别根据进口替代技术和技术异质性假设考察了中美贸易隐含碳转移情况，也均得到了中国处于隐含碳净转入状态。在分析整体贸易碳排放转移基础上，还有学者重点关注分行业的特征分析。例如，刘竹等（2020）进一步发现中国对美国的碳排放转移主要集中于机械与电子电气设备部门、轻工业和化工产品等制造业部门，而美国对中国的碳排放转移则主要集中在普通制造业、交通设备和农业等多个部门。李真和陈天明（2020）还针对性地分析了中美双边工业品的隐含碳福利，认为美国在中美双边工业品贸易中是隐含碳福利的获益者，其中金属冶炼压延工业与金属制品、非金属矿物制品业、化学工业品制造是中国对美国工业品贸易隐含碳福利逆差规模最大的三个行业。第二，在中日贸易引起的碳排放转移方面，赵玉焕和王淞（2014）较早地关注到了1995—2009年中日贸易隐含碳转移问题，测算结果显示中国始终为隐含碳的净出口国且净出口隐含碳呈现出明显的增长趋势，中国的碳排放转出部门则主要分布在农业、轻制造业和重制造业，而转入部门主要为重制造业。与赵玉焕和王淞（2014）所得结论相类似，Wu 等（2016）、Long 等（2018）、Yoon 等（2020）也均证实了中国在中日贸易中是典型的隐含碳净出口国，中日贸易加剧了中国的环境问题。第三，在中德贸易引起的碳排放转移方面，Wang 等（2019）通过量化分析中德两国间碳排放转移水平，发现中国为中德贸易中的隐含碳顺差国，且中德两国间的碳排放转移主要在于碳密集型产业贸易；Li 等（2020）同样发现中德间存在严重的“碳泄漏”问题，并认为中德之间的碳排放转移呈“倒 U”形变化趋势。另外，中澳贸易、中韩贸易也同样因碳排放转移引起了明显的“碳泄漏”问题，得到了不同学者的关注（Yu 和 Chen，2016；Wang 等，2019；Huang 等，2020）。

除“南北贸易”外，随着研究对象的逐渐扩大，“北北贸易”“南南贸易”的碳排放转移问题也逐渐受到了关注。在“北北贸易”方面，美德贸易（Wang 和 Zhou，2019a）、美日贸易（Wang 和 Zhou，2019b）、日韩贸易（Yoon 等，2020）等引起的碳排放转移成为研究焦点。在“南南贸易”方面，更多的研究集中于中俄贸易（Liu 和 Xu，2019）、中印贸易

（Wang 和 Yang，2020）、中非贸易（Ji 等，2020）以及其他发展中国家间贸易（姚秋蕙等，2018；Meng 等，2018；Wang 等，2019）。

其次，与国家（地区）间碳排放转移研究仅涉及少数国家不同，全球碳排放转移研究纳入考察的国家更多，所得结论更具一般性。早期代表性研究包括，Peters 等（2011）根据全球 113 个国家贸易隐含碳的测算结果，得出发展中国家通过国际贸易向发达国家转移的净排放量从 1990 年的 0.4Gt 增加到 2008 年的 1.6Gt，远超过了发达国家在《京都议定书》中的承诺减排量。王文举和向其凤（2011）也较早地关注到了全球贸易层面的碳排放转移，其选取了 2005 年碳排放量较大的 28 个国家和地区进行了进出口隐含碳的核算分析，并根据出口碳排放与进口碳排放之差衡量贸易隐含碳的净转移，发现隐含碳净转入最多的国家是中国和俄罗斯等发展中国家，净转出最多的国家为美国、德国和法国等发达国家。以上研究均从全球视角验证了国际贸易确实导致了大量的"碳泄漏"，认为若没有一个公平合理的贸易隐含碳排放的责任分担方案，"碳泄漏"现象将会加剧全球气候问题。在此基础上，吴开尧和杨廷干（2016）摒弃了区分发展中国家和发达国家的分析视角，将全球划分为七大区域（包括欧盟欧元区、欧盟非欧元区、东亚、中国等），据此考察了全球贸易隐含碳排放的空间转移，并详细阐述了各大区域的碳排放净转移情况。他们认为，1995—2009 年发达国家向发展中国家的碳排放转移量逐年上升，其中中国始终是碳排放转移最为主要的目的地。此外，中国还吸纳了部分来自发展中国家和地区的碳转移，东亚也成为欧美净碳转移的目的地，而欧盟欧元区则一直是碳转移的主要输出地。同样的，韩中等（2018）从消费侧对全球范围内的碳排放转移和"碳泄漏"的规模及流向进行了分析，发现欧盟和美国是全球"碳泄漏"规模最大的经济体，且来自美国和欧盟的大量"碳泄漏"均通过国际贸易转移到了中国。但也要注意到，不仅是中国及其他发展中国家是贸易隐含碳排放的转移目的地，一些资源丰富的发达国家（如加拿大）也在逐渐成为贸易隐含碳排放的净流出地（钟章奇等，2018）。

最后，中国作为最大的碳排放国家，其内部各区域间的碳排放转移也得到了较多的研究关注。例如，姚亮和刘晶茹（2010）核算了 1997 年贸易隐含碳在中国八大区域之间的转移规模，发现我国区域之间存在碳排放的跨区域转移现象，其中北部沿海区域和中部区域是主要的碳排放转入地，表明上述区域为其他区域承担了部分碳排放压力。同样地，Wang 等（2018）从不同角度分析了 2007 年中国 30 个省市的碳足迹及碳排放转移情况，认为我国省际碳排放转移路径主要是从河北、内蒙古等欠发达及能源丰富的省份向沿海发达省份转移，即河北、河南和内蒙古是碳排放流出量前三的省份，浙江、广东、江苏、上海及山东为碳排放流入量前五的省份。Feng 等（2020）还从最终品贸易和中间品贸易两个维度对中国省际贸易的碳转移进行了跟踪研究，发现我国碳转移主要集中在南方和东部地区，认为碳转移的路径因贸易模式而异。具体而言，通过最终产品贸易进行碳转移的主要途径是从新疆和内蒙古到北京和天津，而中间产品贸易净碳转移则主要集中在中部地区、北部沿海和东部沿海地区。从总量上看，河北和内蒙古是我国最大的隐含碳净转出地区，其主要通过向附近的北京、浙江和江苏等经济较为发达地区提供煤炭和金属产品进行碳转移。

二、碳排放转移网络的构建及特征

为了更全面地分析全球和区域间贸易引起的碳排放转移特征，逐渐有学者将 SNA 方法引入碳排放转移研究中，通过构建碳排放转移网络，来分析不同国家（地区）或区域间复杂的碳排放转移过程及其特征。结合前文基于贸易隐含碳的碳排放转移文献综述，本书将从全球碳排放转移网络和中国区域间碳排放转移网络两个方面对相关文献进行梳理，以期厘清基于 SNA 方法的碳排放转移研究发展脉络。

在全球碳排放转移网络方面，杜培林和王爱国（2018）在区域投入产出分析框架下，较早地构建了全球碳转移网络模型，其包括全球碳转入网络和碳转出网络两部分。基于上述网络模型，杜培林和王爱国（2018）利用 WIOD 数据测算并分析了包括 40 个国家和地区的全球贸易碳转移网络，结果显示欧盟为全球贸易碳转移网络的“全局中心”，而中国处于碳转移的“局部中心”和“全局中转”位置。张同斌和孙静（2019）则在构建“国际贸易—碳排放”矩阵的基础上，将网络结构分析方法引入其中，通过度数中心度、中间中心度、接近中心度等三类中心度对 1995 年和 2014 年国际碳排放网络的结构特征进行分析。该研究发现发达经济体在国际碳排放网络中的点入度较大，反映其通过大量进口中间品实现碳转移；与之相对，金砖国家和新兴经济体的点出度较高，其在进行产品出口的同时接受来自发达经济体的碳输入。简而言之，发达国家实现了“产品输入和碳输出”目标，而发展中国家还处在“产品输出和碳输入”阶段。与上述研究不同，Jiang 等（2019）还关注到了分部门的全球碳排放转移网络特征。他们发现，分部门的全球碳排放转移网络具有较高的集聚系数，反映出全球碳排放转移网络中存在着大量的局部集群，而中国的石油、化工和非金属矿产品部门、德国的再出口和再进口部门以及美国的交通运输部门等在其中扮演着重要的转移媒介角色。延续上述研究引入 SNA 方法的思路，后续研究借助社团分析、块模型分析等较为前沿的网络分析方法来分析全球碳排放转移网络。例如，余娟娟和龚同（2020）从生产侧和消费侧构建了全球隐含碳的 Top1 等级网络，利用最新的 WIOD 环境账户数据对 1995—2014 年全球碳排放转移网络的中心性和板块结构进行深入分析，揭示出全球碳转移网络“中心—外围”的结构特征。该特征具体表现为供给侧和需求侧的结构失衡，其中中国逐渐成为生产侧碳排放的网络中心，而位于消费侧碳排放网络中心的则为美国和德国。另外，余娟娟和龚同（2020）还发现中国的入度中心度在各年份均大于出度中心度，表明其主要通过供给的形式参与全球碳转移网络。与余娟娟和龚同（2020）利用 WIOD 数据不同，李晖等（2020）进一步利用 Eora 数据库的数据分析了 2000 年和 2015 年包括 189 个国家（地区）的全球贸易隐含碳净流动网络，并利用社团分析得出：两个年份的全球隐含碳净流动网络均包括 4 个主要社团，但社团核心发生了一定的变化，如中国和印度的社团核心地位有所加强。在上述研究基础上，李晖等（2021）进一步构建了包括 185 个国家（地区）的全球贸易隐含碳净转移空间关联网络，认为全球贸易隐含碳净转移网络主要可划分为净溢出、双向溢出、经纪人和主受益 4 个板块。其中，由中国及其他“一带一路”沿线国家等构成的双向溢出板块对其他板块隐含碳具有显著的溢出效应，即为全球贸易隐含碳净转移网络的发动机板块。

在中国区域间碳排放转移网络方面，空间网络特征、块模型特征、社团结构特征等是不同研究关注的核心内容。具体来看，对于空间网络特征，张德钢和陆远权（2017）较早地将 SNA 方法引入到分析中国内部的碳排放转移问题上，认为中国碳排放呈现出较为复杂的多线程空间网络关联关系，其中上海等东部发达地区处于网络的中心，甘肃等西部欠发达地区主要在网络中起到了“传输”和“桥梁”作用。童磊和王运鹏（2020）则基于产业转移的视角，考察了中国 2007—2018 年省域碳排放的空间网络结构特征，得到江苏等 4 个发达地区在碳排放关联网络中起到了“桥梁”作用，而青海等偏远地区在网络中处于边缘地位。对于块模型特征，在对省际碳排放转移网络基于均值水平进行过滤后，Sun 等（2020）发现在中国省际碳排放转移网络中，环渤海地区的省份处于“双向溢出”板块，长三角、珠三角地区的省份处于“主要流入”板块，中西部地区的省份则居于“经纪人”板块。同时，Sun 等（2020）还发现不同年份碳排放转移网络的中心正在发生转变，即从2007年的江苏和河北转变为2010年和2012年的河南和河北。对于社团结构特征，宋金昭等（2020）在复杂网络理论空间下构建了中国产业部门间隐含碳排放流动加权网络，并利用复杂网络指标着重分析网络的社团结构特征。该研究的社团结构分析结果表明，产业部门间隐含碳排放的吸收场所主要是以建筑业或服务业为核心的社团，而以煤炭或石油部门为核心的社团为发散场所，这为中国产业系统跨部门的协调减排提供了有益的研究启示。

三、贸易隐含碳及其转移的影响因素

为考察贸易隐含碳及其转移的影响因素，现有研究多基于“环境三效应”和因素分解方法展开分析，主要包括结构分解分析（Structural Decomposition Analysis，SDA）和对数平均迪氏指数（Logarithmic Mean Divisia Index，LMDI）两种方法。

第一，基于SDA方法的影响因素研究主要针对一国对外贸易隐含碳排放和双边贸易隐含碳排放。对于一国对外贸易隐含碳排放，较多的学者关注到了中国对外贸易隐含碳排放的影响因素分析。闫云凤和杨来科（2010）较早地对1997—2005年中国出口隐含碳的影响因素进行了分解，考察了碳排放强度、生产结构、出口结构和出口量对其的影响，发现出口量的上升是推动中国出口隐含碳增长最主要的影响因素，该结论与李艳梅和付加锋（2010）、黄敏和刘剑锋（2011）和王丽丽等（2012）等研究相一致。潘安和魏龙（2016）同样利用SDA方法考察了中国出口隐含碳排放增长的影响因素，发现结构效应在贸易规模下降阶段能够产生一定程度的负效应，对前期相关研究结论进行了有效的补充。除中国外，赵玉焕等（2014）考察了印度对外贸易隐含碳变化的影响因素，认为规模效应和技术效应是引致印度出口贸易隐含碳增长的主要因素，结构效应在一定程度上抑制了印度出口贸易隐含碳的增长。赵玉焕和刘娅（2015）对俄罗斯对外贸易隐含碳的因素分解结果则表明，规模效应是出口隐含碳增加的主要驱动因素，技术效应和结构效应均抑制了俄罗斯出口隐含碳的增长。对于双边贸易隐含碳排放，中国参与双边贸易隐含碳的影响因素分析仍是一个研究重点，主要包括中美贸易、中日贸易、中德贸易、中澳贸易、中印贸易等。具体而言，邓荣荣和陈鸣（2012）利用 SDA 方法考察了 1995—2005 年中美双边贸易隐含碳排放的驱动因素，得到出口总量的增长对中国向美国转移隐含碳排放产生了显著的促进作用，中间生产技术变化的促进作用有所减弱，直接碳排放系数的下降则具有一定的抑制作用，而出口产品结构变化的影响程度较低。在此基础上，赵玉焕和李洁超（2013）、Zhao 等（2016）认为技术效应和国内能源强度在中国对美国碳排放转移的影响中具有显著的负效应。中日贸易隐含碳的影响因素分析同样是一个备受关注的研究问题，在 SDA 模型框架下，马晶梅等（2016b）对中日贸易隐含碳失衡变化的影响因素进行了分解分析，发现出口规模、中国中间投入结构效应是推动中日贸易隐含碳失衡规模进一步扩大的主要因素，而中国碳排放强度和进口规模效应则主要起到抑制作用。Wang 等（2019）、Huang 等（2020）、Wang 和 Yang（2020）还分别关注到了中德贸易、中澳贸易、中印贸易隐含碳排放变化的影响因素。其中，Wang 等（2019）发现中国的中间投入结构效应和德国最终需求的国家结构效应对中德贸易净碳排放增长作出贡献，中国的碳强度效应则在一定程度上减缓了双边贸易隐含碳的增长；Huang 等（2020）认为出口规模的增加有助于中澳隐含碳排放量的增加，而排放强度的下降可以抑制隐含碳排放量的增加；Wang 和 Yang（2020）则发现最终需求的增加是中印两国隐含碳排放增加的主要驱动因素，而碳强度系数效应是抑制中印两国隐含碳排放增加的主要驱动因素。

第二，与 SDA 方法相比，基于 LMDI 方法的影响因素研究具有相同的研究对象，仅是分解方法有所不同。在中国对外贸易隐含碳排放分解方面，王媛等（2011）利用LMDI方法对2005年中国贸易隐含碳净转移量进行分解分析，结果显示强度效应、规模效应、结构效应的贡献率分别为60%、55%、-14%；李晨等（2018）还利用LMDI方法针对性地分析中国水产品贸易隐含碳排放转移的影响因素得出：规模效应对中国水产品进出口贸易排放产生了促进作用，而强度效应和规模效应呈现出一定的抑制作用。在中国参与双边贸易隐含碳排放分解方面，庞军和张浚哲（2014）还在“环境三效应”的分析框架下，利用GTAP数据库考察了2004—2007年中欧双边贸易隐含碳排放量的影响因素，得到出口规模的扩大是导致中国对欧出口贸易隐含碳排放增长的主要原因，结构效应也呈现出一定的促进作用，但技术进步起到了一定的减缓作用。Wu等（2016）着重分析了2000—2009年中日之间贸易隐含碳排放量快速增长的影响因素，同样发现技术效应是中日贸易隐含碳排放减少的关键因素。与上述研究不同，李清如（2017）、Wang和Ang（2018）还分别关注到了中国和日本与“一带一路”沿线国家之间贸易隐含碳排放、全球贸易隐含碳排放转移的影响因素，考察的对象更为广泛。其中，前者发现隐含碳密集度是造成中国和日本对“一带一路”沿线国家出口隐含碳差异的首要因素，占比约60%，另外两个主要影响因素为贸易体量和贸易结构；后者分别从生产侧和消费侧两个视角进行分析，生产侧下经济增长是全球贸易隐含碳转移的主要驱动力，而消费侧的主要原因归结于消费规模和消费结构，同时碳排放强度的下降是两种视角下促进碳减排的共同影响因素。

与基于SDA方法和LMDI方法进行分解分析的研究思路不同，还有学者通过构建计量经济模型，实证分析不同因素对贸易隐含碳及其转移的影响作用。代表性研究包括，吴肖丽和潘安（2019）较早地将环境库兹涅茨曲线（Environmental Kuznets Curve，EKC）模型和贸易隐含碳问题进行结合研究，揭示出了出口开放对中国工业行业出口隐含碳排放水平的非线性影响及其地区异质性。延续上述思路，Wang 等（2019）创新地在 2000—2014 年中澳贸易隐含碳测算结果基础上，利用面板回归估计对 2015—2022 年不同发展情形下中国和澳大利亚出口隐含碳排放进行了预测分析，其中纳入分析的影响因素包括经济发展水平、自由贸易协定、共同语言、殖民关系等。Zhao 和 Liu（2020）同样通过构建计量经济模型分析了 1995—2014 年不同贸易隐含碳排放强度的驱动因素，考察的影响因素包括人口数量、人均收入水平、能源消费水平、城镇化、贸易开放度以及工业化水平等。

正如前文所述，逐渐有学者将 SNA 方法引入到碳排放转移研究，有部分学者更是在此基础上通过二次迭代分配程序（QAP）分析[①]来对碳排放转移的影响因素进行实证检验。例如，张德钢和陆远权（2017）在地理邻接矩阵基础上构建了中国 30 个省份碳排放的空间关联模型，利用 QAP 分析方法探究了碳排放空间关联的主要影响因素，其中环境规制对经济发展水平差异、地理因素产生了显著的正向影响。Lv 等（2019）进一步细化了经济发展差异、制度差异的衡量指标，其中经济发展差异包括经济规模、经济发展水平、消费水平、城镇化水平、投资消费结构、贸易开放度等六个方面的差异，而制度差异包括产业结构、环境规制强度两个方面的差异，并据此就上述差异如何影响省际间碳排放转移网络进行 QAP 分析。童磊和王运鹏（2020）还加入了能源结构、产业转移度、对外开放水平差异等影响因素，利用 QAP 分析方法实证分析中国对省域碳排放网络的影响因素。除中国问题外，余娟娟和龚同（2020）将研究视角拓展至全球碳排放转移问题，考察的影响因素包括地理是否接壤、语言是否相同、环境规制差异、收入水平差异、价值链分工地位差

① 与传统计量经济模型分析相比，QAP 分析是一种基于随机置换的非参数检验方法，不需要假设自变量之间相互独立且具有较强的稳健性。

异以及能源结构差异。基于 QAP 分析结果，余娟娟和龚同（2020）认为地理位置、文化因素对碳排放空间关联的影响正在逐渐减弱，而环境规制、分工地位等因素的影响正在加强，逐渐主导形成全球碳转移网络。

第三节 GVC 分工的环境效应及中国对策研究

一、GVC 与增加值贸易核算方法

经历了从 Porter（1985）提出价值链（Value Chain）到 Kougut（1985）提出价值增值链（Value - added Chain），再到 Gereffi（1994）提出全球商品链（Global Commodity Chain）的前期发展过程，Gereffi（2001）正式提出了“全球价值链”（GVC）概念，随后相关研究陆续展开，至今仍是学术界持续关注的一个研究热点。随着 GVC 研究的逐渐深入，价值链各个环节价值创造与利益分配的测算问题日益受到国内外学术界的关注，其中以价值增值测算理论与方法为研究焦点。增加值贸易（Trade in Value - added）概念正是由 OECD 和 WTO（2011）在 GVC 分工背景下提出，其与总值贸易的区别在于其以“价值增值”为统计口径，能够消除传统贸易存在“统计幻象”的严重不足，进而更为真实地反映一国的国际分工地位及其获得的贸易利益。在此基础上，Johnson 和 Noguera（2012）定义了增加值出口的概念，并利用全球贸易分析项目（GTAP）的数据，对不同国家间的双边贸易失衡进行重新评估。

具体来看，增加值贸易核算是以垂直专业化为基础，通过对垂直专业化指标计算过程中与现实不符合的假设条件进行逐步修正和放松，形成了一个全新的贸易统计框架（潘文卿等，2015）。Hummels 等（2001）较早地提出了垂直专业化指数以测算一国出口中的国外增加值，作为衡

量该国参与国际分工程度的指标，因其所含“同比例”与进口完全来自国外的假设而存在一定局限性，但为增加值贸易核算方法的提出提供了研究思路。在此基础上，Koopman 等（2010）将一国总出口分解为国内增加值和国外增加值，Koopman 等（2012）、Wang 等（2013）则分离出国内增加值和国外增加值中的纯重复计算部分，分别将总出口细分为 9 个和 16 个部分，逐渐完善了增加值贸易核算方法，后者提出的“总贸易核算法”成为增加值贸易核算研究的关键性进展。王直等（2015）进一步阐述了总贸易核算法，其将各层面的国际贸易流区分为 16 种不同路径，在传统国际贸易统计与国民经济核算体系之间建立起一个系统性的对应框架。

增加值贸易核算研究不仅在于核算方法的逐步改进，更在于将其应用于其他领域的研究，尤其体现在 GVC 分工下的贸易利益核算与分工特征研究。一方面，增加值贸易核算能够在消除“统计幻象”的前提下，揭开贸易利益的真实“面纱”。在 GVC 分工视角下，贸易规模与贸易利益并不相匹配，传统贸易统计无法准确地衡量一国从中获得的贸易利益，此时贸易中的价值增值将是国家层面贸易利益的重要测度（李宏艳和王岚，2015；韩中，2020；马丹和何雅兴，2020）。另一方面，在增加值贸易核算体系下，Koopman 等（2010）创新地提出了 GVC 地位指数和参与度指数，该方法已被广泛地应用到衡量国际分工地位研究中（程大中，2015；马述忠等，2017；盛斌和景光正，2019）。与 GVC 地位指数不同，Antràs 和 Chor（2012）还构建了上游度指标，同样能够衡量一国在 GVC 中的分工位置。对于不同的 GVC 分工地位衡量指标，苏庆义和高凌云（2015）将其分为经济地位和物理地位两类，其中 GVC 地位指数为经济地位，而上游度为物理地位。Wang 等（2017）则提出了 GVC 长度指数，从价值链长度方面揭示出 GVC 分工的另一特征，该指数已被用于中间品贸易政策选择（佘心玎等，2016）、价值增值能力（黄海峰和施展，

2017）等研究。进一步地，潘安和戴岭（2020）在总贸易核算框架下提出衡量 GVC 分工深度和广度的 GVC 分工程度指数和集中度指数，并改进了 Koopman 等（2010）的 GVC 地位指数，形成了衡量 GVC 分工程度、地位、集中度三维特征的指标体系。

二、GVC 分工的环境效应

随着全球范围内 GVC 分工的逐渐深化和气候变化等环境问题的日渐显现，GVC 分工的环境效应研究逐渐得到了国际经济学和环境经济学研究领域学者的共同关注，也可视为贸易与环境关系研究一个重要的拓展方向。对于贸易与环境关系，相关研究主要分为基于环境投入产出的贸易隐含碳测算和基于 EKC 模型的实证分析两大类。其中，前者可以回答一国（地区）参与不同贸易活动时会产生多少碳排放，即贸易的直接环境效应；后者可以回答贸易自由化是否加剧了一国（地区）碳排放抑或有其他影响，即贸易的间接环境效应（潘安和魏龙，2015）。根据上述分类，将从 GVC 分工的直接环境效应和间接环境效应两个方面对相关文献进行梳理。

在直接环境效应方面，主要在 GVC 分工视角下进行贸易隐含碳的测算与分析研究。事实上，在 GVC 分工视角下改进投入产出数据以得到更为准确的计算结果是贸易隐含碳研究在未来的一个主要发展趋势（Zhang 等，2017），而其发展得益于增加值贸易核算的提出与改进。从现有文献来看，对 GVC 分工视角下考察贸易隐含碳排放及其转移问题已得到了关注。例如，Liu 等（2015）通过构建 MRIO 模型测算价值链隐含碳，认为中国在 1997—2007 年隐含在价值链中的碳排放转移呈现快速增长态势。闫云凤和黄灿（2015）在 GVC 框架下，从最终需求角度考察了中国隐含碳排放转移问题，得到欧盟和美国分别是中国碳排放的重要目的地和来源地的结论。王文治和陆建明（2016）则认为在GVC分工背景下，全球范围内应该基于增加值贸易来考察碳排放责任分担，且指出了基于增加值贸易测度的贸易利益与贸易隐含碳的测算具有统一的数据口径。可以注意到，上述贸易隐含碳研究对于GVC研究方法的引用还处于初级探索阶段，导致所建模型与经典MRIO模型的区别并不明显。

值得关注的是，已有学者将增加值贸易核算方法引入到对外贸易隐含碳研究。具体而言，Meng等（2018）较早地在增加值贸易核算框架下构建了一个新的环境核算体系，以追溯GVC中不同国家（地区）的碳排放及其转移水平。然而，Meng等（2018）的测算框架仍存在改进空间，原因在于其是在Koopman等（2012）提出的总贸易流量分解方法基础上进行碳排放水平核算，导致仅能通过8条价值链路径（9个增加值分解部分去除1个重复计算部分）反映一国的出口隐含碳排放水平。与之不同，潘安和吴肖丽（2018）进一步引入了Wang等（2013）提出的总贸易核算法，基于增加值而非产出水平测算出口隐含碳排放水平，能够通过不同的价值链路径反映一国在GVC分工体系下参与双边贸易时引起的碳转移过程。具体来看，潘安和吴肖丽（2018）主要关注到了GVC分工视角下的中日贸易隐含碳问题，认为中国处于碳排放转出地位，还创新地得到了第三国在中日贸易中的碳转移地位及其地区异质性。在上述双边贸易隐含碳研究基础上，Fei等（2020）继续在总贸易核算框架下对1995—2011年中国整体对外贸易隐含碳排放进行分析，发现中国虽然在GVC中处于“污染天堂”地位，但其隐含碳排放地位随着GVC参与程度的深入而有所提升。另外，Yan等（2020）还通过构建一个扩展的环境HOV模型，既揭示了GVC分工下贸易隐含碳排放的流动模式，又考察了GVC地位变化对一国（地区）隐含碳排放的影响。

在间接环境效应方面，主要就GVC分工相关因素对碳排放的影响进行实证分析。GVC分工相关因素主要包括GVC参与度或嵌入度、GVC分工地位或位置等。在 GVC 参与度或嵌入度方面，吕延方等（2019）较早地关注到了 1995—2009 年中国参与 GVC 分工对其进出口隐含碳排放及贸易碳平衡的影响。基于面板平滑转换（PSTR）模型的实证结果显示，GVC 参与度的影响具有以技术水平为平滑转变变量的双门限特征。吕越和吕云龙（2019）也同样关注到了 GVC 嵌入对中国贸易隐含碳排放的影响，根据 2001—2009 年 14 个工业行业为分析样本的实证分析结果，发现中国嵌入 GVC 分工有利于降低工业行业的贸易隐含碳排放，且该减排作用会随着参与程度的提高而更为突出。常冉等（2020）则实证考察了中国嵌入欧盟、北美、东亚、金砖四大区域价值链对制造业境内增加值碳排放的影响，发现提升区域价值链简单嵌入度可以增加碳排放成本，而提升除金砖以外的区域价值链复杂嵌入度反而可以降低碳排放成本。Liu 和 Zhao（2021）也发现了 GVC 参与对 2000—2014 年 42 个经济体隐含碳排放强度有显著的负向影响，同时分位数回归估计结果显示，在 GVC 参与水平越高的国家中，GVC 参与度的影响越强。与前述研究整体考察 GVC 参与情况不同，有学者将 GVC 参与水平分为前向参与度和后向参与度，据此考察不同参与度的环境效应。例如，赵玉焕等（2020）发现中国主要以后向参与 GVC 分工模式为主，并据此实证分析了其对中国出口贸易碳强度的影响，得到后向参与度产生了显著的正向作用并存在一定的行业异质性。Zhong 等（2021）还以 39 个主要经济体为分析对象，实证检验 GVC 前向参与度和后向参与度对跨地区贸易碳排放转移的影响，所得结果认为两者均加剧了相关碳排放转移过程。

在 GVC 分工地位或位置方面，田建国等（2019）实证分析了 GVC 分工地位对中日制造业贸易隐含碳排放的影响，结果显示中国制造业 GVC 参与度指数与中国生产碳、日本消费碳呈显著的负向关系。Liu 等（2020）还关注到了 GVC 爬升是否有利于降低中国制造业出口隐含碳排放，基于 1995—2009 年 14 个制造业的实证检验结果认为分工位置的攀升能够显著地降低隐含碳排放。与 Liu 等（2020）所得结论相似，赵玉焕等（2021）进一步根据 2000—2014 年中国 56 个部门的实证分析数据，得到 GVC 位置指数的提高有利于降低中国出口隐含碳排放，同样验证了 GVC 分工地位提升的减排作用。不同于以上研究仅考虑对隐含碳排放，潘安和郝瑞雪（2020）着重分析了 GVC 分工地位对中国对外贸易与环境失衡的影响，不仅验证了处于低分工地位下的“污染天堂”假说，还揭示了出口污染密集度在 GVC 分工地位影响中的中介作用，进而解释了作为“世界工厂”的中国成为世界“污染天堂”的原因。

三、GVC 分工下的中国对策

不难发现，在 GVC 分工的环境效应研究中，针对中国问题的研究是其中的热点。究其原因，中国通过积极参与 GVC 分工获得贸易乃至经济增长的同时，付出了不可忽视的环境代价，这从中国在一定时期兼具“世界工厂”和“污染天堂”双重身份中可以得到充分体现（潘安和郝瑞雪，2020；赵玉焕等，2021）。为此，部分学者在考察中国参与 GVC 分工引起的环境问题时，又进一步结合 GVC 分工就中国如何应对的策略上展开了深入的讨论。从现有研究来看，不同学者就积极参与 GVC 分工有助于中国实现碳减排达成共识（吕越和吕云龙，2019；Liu 等，2020），具体则需要在提升 GVC 分工地位、转变外贸与产业结构、促进低碳技术创新等方面制定相应的政策措施。

在提升 GVC 分工地位方面，余丽丽和彭水军等（2018）指出中国需要在深化参与 GVC 分工体系的前提下，重塑和主导 GVC 分工以提升分工地位，进而可以参与到低碳分工环节来降低碳排放，该观点也得到了 Liu 等（2020）、Liu 和 Zhao（2021）等研究的支持。除关注到 GVC 分工地位外，还有学者认为可以从参与甚至主导区域价值链（Regional Value

Chain，RVC）分工入手来提升国际分工地位。例如，谢会强等（2018）、苏丹妮（2020）、兰天和夏晓艳（2020）均认为中国可与发展中国家、“一带一路”沿线国家建立密切的区域分工合作来实现碳减排或低碳转型；常冉等（2020）还强调了积极参与四大区域价值链分工对降低境内碳排放成本的重要性。

在转变外贸与产业结构方面，潘安和吴肖丽（2018）提出中国应努力降低最终品的国外增加值比例和提升中间品的国外增加值比例，以此带动低碳产业升级，从根源上实现低碳经济发展。吕延方等（2019）则认为中国应加快国内生产向智能、清洁、绿色转型，在参与 GVC 分工的同时加快外贸的绿色高质量转型，积极发挥进口贸易替代效应所能实现的碳减排作用。王向进等（2018）、赵玉焕等（2020）还突出了服务业改革的重要性，具体举措包括推进制造业下游价值链服务化进程、推动知识密集型服务业和生产服务业的配套发展等。值得注意的是，部分学者还关注到了借助 GVC 分工来实现淘汰落后产能的目标，认为其是中国实现低碳产业转型的关键内容（潘安等，2019；赵玉焕等，2021）。

在促进低碳技术创新方面，蒋雪梅和刘轶芳（2018）认为中国高新技术产业在 GVC 分工地位仍不高的现实条件下，需要持续加大研发投入，逐步向高附加值和低污染的 GVC 高端攀升。田建国等（2019）则聚焦到了中国中低技术水平制造业国际分工合作的重要性，这是中国制造业向前分工地位过渡以降低碳排放的重要内容。常冉等（2020）进一步根据实证分析结果，认为增加行业研发经费投入有利于降低增加值境内碳排放成本，进而有助于扩大低碳化生产过程。Liu 等（2020）再次强调了加速技术创新有助于激发绿色增长潜力，同时认为政府和企业应该首先引进国外先进的能源储存和减排技术来提升能源和资源利用水平。此外，在鼓励低碳技术创新的同时，余娟娟（2017）、吕越和吕云龙（2019）、Yan 等（2020）等还指出需配以严格的环保标准和监管体系才能有效地建立起完整的低碳经济政策体系。

第四节 简要述评

作为贸易与环境关系研究的重要内容之一，贸易隐含碳研究持续受到了国内外学者的广泛关注，在此基础上的碳排放转移研究也逐渐成为研究热点。贸易隐含碳研究的展开得益于环境投入产出分析技术的逐渐发展，从 SRIO 模型到 BTIO 模型再到 MRIO 模型，不同学者将研究对象从一国（地区）、双边贸易扩展到了全球贸易隐含碳排放。可以发现，与中国相关的贸易隐含碳排放问题始终是学者们关注的焦点，同时也取得了丰富的研究成果，这在一国（地区）对外贸易隐含碳、双边贸易隐含碳以及区域间贸易隐含碳等研究中均能得到体现。其中，中国对外贸易隐含碳排放研究已经发展到广泛使用 MRIO 模型的阶段，同时分行业对外贸易隐含碳排放的异质性特征也有所讨论；包括中美、中日贸易等中国与发达国家双边贸易隐含碳问题得到了较早的研究关注，随后中国与新兴经济体及其他发展中国家之间的贸易隐含碳问题研究也逐渐得到展开；中国国内区域间贸易隐含碳研究则主要从省域和区域两个维度展开分析，前者的分析对象主要为 31 个省（市、自治区），后者则重点关注于长江中游地区、京津冀地区、长江经济带等区域。根据目前贸易隐含碳的研究发展现状，再结合中国提出实现碳达峰、碳中和目标的现实背景，中国贸易隐含碳问题还将继续成为国际经济学和环境经济学研究领域共同关注的热点问题。

不同国家（地区）间贸易的隐含碳排放测算结果，为衡量相互间碳排放转移提供了可能，所以碳排放转移可视为是贸易隐含碳排放的延伸研究。同样地，与中国相关的碳排放转移问题得到了诸多学者的研究关注，包括“南北贸易”中的中美贸易、中日贸易、中德贸易等，“南南贸易”中的中俄贸易、中印贸易、中非贸易以及国内各区域间贸易的碳排放转移。对于上述碳排放转移，现有研究主要通过因素分解分析和计量经济分析两种方法进行影响因素的分析。其中，SDA 方法和 LMDI 方法是主流的因素分解方法，主要基于“环境三效应”的经典理论；计量经济分析主要利用现有前沿的计量分析方法，EKC 模型是其重要的模型基础。不同于上述研究，碳排放转移研究逐渐出现了一个重要的研究趋势，即利用 SNA 方法进行碳排放转移网络的结构特征与影响因素分析。在结构特征方面，主要借助 SNA 方法中常用的特征指标加以衡量，同时还使用了社团分析、块模型分析加以考察。在影响因素分析方面，QAP 分析成为主流分析方法，能够实证分析不同因素对碳排放转移的影响。

由于经济全球化是当前世界发展的主旋律，GVC 分工成为目前学术界较为关注的研究领域，而 GVC 分工的环境效应又是这个研究领域的热点问题。对于 GVC 分工的环境效应，现有研究可划分为直接效应和间接效应两类。第一类研究主要在 GVC 分工视角下进行贸易隐含碳的测算与分析，可视为贸易隐含碳研究在 GVC 分工视角下一个重要的研究发展趋势；第二类研究主要是实证分析 GVC 分工相关因素的影响作用，相关因素包括 GVC 参与度或嵌入度、GVC 分工地位或位置等，实证分析方法仍为前沿的计量分析方法。无论是直接效应还是间接效应研究，均有学者针对中国的处境提出了相应的对策建议，以期为中国在未来实现碳减排目标献计献策。在 GVC 分工视角下所提的政策，主要集中于提升 GVC 分工地位、转变外贸与产业结构、促进低碳技术创新等方面。

总的来看，贸易隐含碳已形成了较为完整的研究体系，最新研究主要在研究视角与对象、测算方法上寻求拓展；碳排放转移主要依托于贸易隐含碳的测算结果，SNA 方法的引入为考察碳排放转移网络提供了可能；作为贸易与环境关系研究一个重要的拓展方向，GVC 分工的环境效应研究逐渐受到重视，增加值贸易核算方法在其中得到了广泛运用。然而，从现有研究来看，上述研究仍存在以下可拓展之处：第一，已出现少数研究将总贸易核算法引入贸易隐含碳排放测算中，但相关研究还局限于中国及其参与双边贸易隐含碳问题，在进行全球范围内的贸易隐含碳排放测算方面仍存在可拓展空间。第二，现有碳排放转移主要以净出口隐含碳排放进行衡量，该衡量方法还是以产出水平为测算依据，与增加值贸易核算方法的研究思路并不匹配。对此，可根据增加值流动衡量碳排放转移水平加以改进。第三，利用 SNA 方法分析全球碳排放转移问题仍处于研究起步阶段，不仅较少与 GVC 分工研究进行有效联系，而且 GVC 分工联系与分工地位差异等重要内容还未涉及。第四，在 SNA 方法分析框架下，碳排放转移影响因素实证分析主要为 QAP 分析，TERGM 等前沿分析方法还未得到运用，同样存在延伸拓展的空间①。

---

① 相较于 QAP 分析方法，TERGM 方法更具优越性，例如其可检验局部过程的汇集是否能产生全局网络特征属性（许和连等，2015）。

第三章　GVC 分工的碳排放转移效应测算及特征分析

第一节　GVC 分工的碳排放转移效应测算框架

一、基于总贸易核算法的出口增加值分解

本书将在 Wang 等（2013）提出的总贸易核算框架下对一国（地区）的总出口进行增加值分解。首先，构建如下 MRIO 模型：

$$\begin{bmatrix} X_1 \\ X_2 \\ \vdots \\ X_G \end{bmatrix} = \begin{bmatrix} A_{11} & A_{12} & \cdots & A_{1G} \\ A_{21} & A_{22} & \cdots & A_{2G} \\ \vdots & \vdots & \ddots & \vdots \\ A_{G1} & A_{G2} & \cdots & A_{GG} \end{bmatrix} \begin{bmatrix} X_1 \\ X_2 \\ \vdots \\ X_G \end{bmatrix} + \begin{bmatrix} Y_{11} + \sum_{s \neq 1}^{G} Y_{1s} \\ Y_{22} + \sum_{s \neq 2}^{G} Y_{2s} \\ \vdots \\ Y_{GG} + \sum_{s \neq G}^{G} Y_{Gs} \end{bmatrix} \tag{3-1}$$

其中，下标 G 代表互有贸易往来的国家（地区）数量。对任一国家 s（$s = 1,\cdots,G$）而言，X_s、A_{ss}、Y_{ss} 分别为该国的总产出向量、直接消耗系数矩阵以及国内生产并消费的最终品向量。相互需求系数矩阵 A_{sr} 可表示为国家 s 与任一其他国家 r（$r = 1,\cdots,G$ 且 $r \neq s$）的中间品贸易，Y_{sr} 则表示为国家 s 生产并满足国家 r 最终需求的产品，即最终品出口。假设各国

均有 N 个行业部门，则 X 和 Y 均为 $N\times 1$ 列向量，A 为 $N\times N$ 矩阵。根据式（3－1）可得全球范围内的里昂惕夫逆矩阵 B（$GN\times GN$ 矩阵）为：

$$B=\begin{bmatrix} B_{11} & B_{12} & \cdots & B_{1G} \\ B_{21} & B_{22} & \cdots & B_{2G} \\ \vdots & \vdots & \ddots & \vdots \\ B_{G1} & B_{G2} & \cdots & B_{GG} \end{bmatrix}=\begin{bmatrix} I-A_{11} & -A_{12} & \cdots & -A_{1G} \\ -A_{21} & I-A_{22} & \cdots & -A_{2G} \\ \vdots & \vdots & \ddots & \vdots \\ -A_{G1} & -A_{G2} & \cdots & I-A_{GG} \end{bmatrix}^{-1} \tag{3-2}$$

结合式（3－1）和式（3－2），可以将国家 r 的总产出向量 X_r 进行如下分解：

$$X_r=B_{rr}Y_{rr}+\sum_{t\neq s,r}^{G}B_{rt}Y_{tt}+B_{rr}\sum_{t\neq s,r}^{G}Y_{rt}+\sum_{t\neq s,r}^{G}B_{rt}\sum_{u\neq s,t}^{G}Y_{tu}+B_{rr}Y_{rs}+\sum_{t\neq s,r}^{G}B_{rt}Y_{ts}$$
$$+B_{rs}Y_{ss}+B_{rs}\sum_{t\neq s}^{G}Y_{st} \tag{3-3}$$

其中，国家 t（$t=1,\cdots,G$ 且 $t\neq s,r$）代表国家 s 和国家 r 外的任一第三国。

另外，与式（3－3）不同，根据式（3－1）还可以将国家 r 总产出向量 X_r 表示为：

$$X_r=A_{rr}X_r+\sum_{t\neq r}^{G}A_{rt}X_t+Y_{rr}+\sum_{t\neq r}^{G}Y_{rt}=A_{rr}X_r+Y_{rr}+\sum_{t\neq r}^{G}E_{rt}$$
$$=A_{rr}X_r+Y_{rr}+E_r \tag{3-4}$$

其中，$E_r=\sum_{t\neq r}^{G}E_{rt}$ 为国家 r 的总出口向量。式（3－4）可以进一步整理为：

$$X_r=(I-A_{rr})^{-1}Y_{rr}+(I-A_{rr})^{-1}E_r=L_{rr}Y_{rr}+L_{rr}E_r \tag{3-5}$$

其中，$L_{rr}=(I-A_{rr})^{-1}$ 为国家 r 内的里昂惕夫逆矩阵。

至此，根据式（3－4）和式（3－5），可以将国家 s 对国家 r 的中间品出口 $A_{sr}X_r$ 表示为以下两种形式，具体见式（3－6）和式（3－7）：

$$A_{sr}X_r=A_{sr}B_{rr}Y_{rr}+A_{sr}\sum_{t\neq s,r}^{G}B_{rt}Y_{tt}+A_{sr}B_{rr}\sum_{t\neq s,r}^{G}Y_{rt}+A_{sr}\sum_{t\neq s,r}^{G}B_{rt}\sum_{u\neq s,t}^{G}Y_{tu}$$

$$+A_{sr}B_{rr}Y_{rs}+A_{sr}\sum_{t\neq s,r}^{G}B_{rt}Y_{ts}+A_{sr}B_{rs}Y_{ss}+A_{sr}B_{rs}\sum_{t\neq s}^{G}Y_{st} \tag{3-6}$$

$$A_{sr}X_r=A_{sr}L_{rr}Y_{rr}+A_{sr}L_{rr}E_r \tag{3-7}$$

进一步定义 $V_s=VA_s(\hat{X}_s)^{-1}$ 为国家 s 的增加值系数向量，其中 VA_s 为该国的增加值向量（$1\times N$ 行向量），$\hat{X}_s$ 为产出向量 X_s 的对角矩阵；国家 r 和国家 t 的增加值系数向量 V_r 和 V_t 也同理可得。那么，完全增加值系数矩阵 VB 可表示为

$$VB=[V_1\cdots V_s\cdots V_r\cdots V_G]\begin{bmatrix}B_{11}&B_{12}&\cdots&B_{1G}\\B_{21}&B_{22}&\cdots&B_{2G}\\\vdots&\vdots&\ddots&\vdots\\B_{G1}&B_{G2}&\cdots&B_{GG}\end{bmatrix} \tag{3-8}$$

因为任一单位的最终品产出都会被完整地分解为所有国家和所有行业部门的增加值，所以对国家 s 而言，根据式（3-8）有：

$$V_sB_{ss}+V_rB_{rs}+\sum_{t\neq s,r}^{G}V_tB_{ts}=U \tag{3-9}$$

其中，U 为各元素均为 1 的 $1\times N$ 行向量。定义符号“#”为矩阵的点乘，则结合式（3-9）可将国家 s 对国家 r 的最终品出口 Y_{sr} 分解为三个部分，即：

$$Y_{sr}=(V_sB_{ss})^T\#Y_{sr}+(V_rB_{rs})^T\#Y_{sr}+(\sum_{t\neq s,r}^{G}V_tB_{ts})^T\#Y_{sr} \tag{3-10}$$

同样地，可将国家 s 对国家 r 的中间品出口 $A_{sr}X_r$ 进行如下分解：

$$\begin{aligned}A_{sr}X_r&=(V_sB_{ss})^T\#(A_{sr}X_r)+(V_rB_{rs})^T\#(A_{sr}X_r)+(\sum_{t\neq s,r}^{G}V_tB_{ts})^T\#(A_{sr}X_r)\\&=(V_sL_{ss})^T\#(A_{sr}X_r)+(V_sB_{ss}-V_sL_{ss})^T\#(A_{sr}X_r)+(V_rB_{rs})^T\#(A_{sr}X_r)\\&\quad+(\sum_{t\neq s,r}^{G}V_tB_{ts})^T\#(A_{sr}X_r)\end{aligned} \tag{3-11}$$

至此，结合式（3-6）、式（3-7）、式（3-10）和式（3-11），

国家 s 对国家 r 的出口 E_{sr} 可以分解如下：

$$
\begin{aligned}
E_{sr} = A_{sr}X_r + Y_{sr} = {} & (V_sB_{ss})^T\#Y_{sr} + (V_sL_{ss})^T\#(A_{sr}B_{rr}Y_{rr}) \\
& + (V_sL_{ss})^T\#[A_{sr}\sum_{t\neq s,r}^{G}B_{rt}Y_{tt} + A_{sr}B_{rr}\sum_{t\neq s,r}^{G}Y_{rt} + A_{sr}\sum_{t\neq s,r}^{G}B_{rt}\sum_{u\neq s,r,t}^{G}Y_{tu}] \\
& + (V_sL_{ss})^T\#[A_{sr}B_{rr}Y_{rs} + A_{sr}\sum_{t\neq s,r}^{G}B_{rt}Y_{ts} + A_{sr}B_{rs}Y_{ss}] \\
& + [(V_sL_{ss})^T\#A_{sr}B_{rs}\sum_{t\neq s,r}^{G}Y_{st} + (V_sL_{ss}\sum_{t\neq s}^{G}A_{st}B_{ts})^T\#A_{sr}X_r] \\
& + [(V_rB_{rs})^T\#Y_{sr} + (\sum_{t\neq s,r}^{G}V_tB_{ts})^T\#Y_{sr}] \\
& + [(V_rB_{rs})^T\#(A_{sr}L_{rr}Y_{rr}) + (\sum_{t\neq s,r}^{G}V_tB_{ts})^T\#(A_{sr}L_{rr}Y_{rr})] \\
& + [(V_rB_{rs})^T\#(A_{sr}L_{rr}E_r) + (\sum_{t\neq s,r}^{G}V_tB_{ts})^T\#(A_{sr}L_{rr}E_r)] \\
& + (V_sL_{ss})^T\#(A_{sr}\sum_{t\neq s,r}^{G}B_{rt}Y_{tr})
\end{aligned}
\tag{3-12}
$$

在式（3－12）基础上，对进口国进行加总，最终可将国家 s 的总出口向量 E_s 分解为以下 17 个部分（$T1-T17$）：

$$
\begin{aligned}
E_s = {} & \underbrace{(V_sB_{ss})^T\#\sum_{r\neq s}^{G}Y_{sr}}_{T1} + \underbrace{(V_sL_{ss})^T\#(\sum_{r\neq s}^{G}A_{sr}B_{rr}Y_{rr})}_{T2} \\
& + \underbrace{(V_sL_{ss})^T\#(\sum_{r\neq s}^{G}A_{sr}\sum_{t\neq s,r}^{G}B_{rt}Y_{tt})}_{T3} + \underbrace{(V_sL_{ss})^T\#(\sum_{r\neq s}^{G}A_{sr}B_{rr}\sum_{t\neq s,r}^{G}Y_{rt})}_{T4} \\
& + \underbrace{(V_sL_{ss})^T\#(\sum_{r\neq s}^{G}A_{sr}\sum_{t\neq s,r}^{G}\sum_{u\neq s,r,t}^{G}B_{rt}Y_{tu})}_{T5} + \underbrace{(V_sL_{ss})^T\#(\sum_{r\neq s}^{G}A_{sr}B_{rr}Y_{rs})}_{T6} \\
& + \underbrace{(V_sL_{ss})^T\#(\sum_{r\neq s}^{G}A_{sr}\sum_{t\neq s,r}^{G}B_{rt}Y_{ts})}_{T7} + \underbrace{(V_sL_{ss})^T\#(\sum_{r\neq s}^{G}A_{sr}B_{rs}Y_{ss})}_{T8} \\
& + \underbrace{(V_sL_{ss})^T\#(\sum_{r\neq s}^{G}A_{sr}\sum_{t\neq s}^{G}B_{rs}Y_{st})}_{T9} + \underbrace{(V_sB_{ss} - V_sL_{ss})^T\#(\sum_{r\neq s}^{G}A_{sr}X_r)}_{T10}
\end{aligned}
$$

$$+\underbrace{(\sum_{r\neq s}^{G} V_r B_{rs})^T \# Y_{sr}}_{T11} + \underbrace{(\sum_{r\neq s}^{G} V_r B_{rs})^T \# (A_{sr} L_{rr} Y_{rr})}_{T12}$$

$$+\underbrace{\sum_{r\neq s}^{G} (V_r B_{rs})^T \# (A_{sr} L_{rr} E_r)}_{T13} + \underbrace{(\sum_{t\neq s,r}^{G} V_t B_{ts})^T \# Y_{sr}}_{T14}$$

$$+\underbrace{(\sum_{t\neq s,r}^{G} V_t B_{ts})^T \# (A_{sr} L_{rr} Y_{rr})}_{T15} + \underbrace{\sum_{t\neq s,r}^{G} (V_t B_{ts}) \# (A_{sr} L_{rr} E_r)}_{T16}$$

$$+\underbrace{(V_s L_{ss})^T \# (\sum_{r\neq s}^{G} A_{sr} \sum_{t\neq s,r}^{G} B_{rt} Y_{tr})}_{T17} \qquad (3-13)$$

式（3－13）中的 17 个增加值分解部分具体含义可见表 3－1。

表 3－1　国家 s 总出口 17 个分解部分（$T1-T17$）的分类与含义

增加值分解内容		组成部分	具体含义
国内增加值（*DVA*）	*DVA_FIN*	$T1$	最终出口的国内增加值
	DVA_INT	$T2$	被直接进口国吸收的中间出口
	DVA_INTREX	$T3-T5$，$T17$	被直接进口国生产向第三国出口所吸收的中间出口
	RDV	$T6-T8$	返回并被本国吸收的国内增加值
国外增加值（*FVA*）	*FVA_FIN*	$T11$，$T14$	最终品出口的国外增加值
	FVA_INT	$T12$，$T15$	中间品出口的国外增加值
纯重复计算（*PDC*）	*DDC*	$T9-10$	来源于国内账户的纯重复计算
	FDC	$T13$，$T16$	来源于国外账户的纯重复计算

可以看出，除重复计算外，国家 s 的总出口隐含的增加值由两部分组成，其一是来自国内的增加值（*DVA*），其二是来自其他 $G-1$ 个国家的增加值总和（*FVA*）。为不与国家 r 和国家 t 的表述产生混淆，不妨再设国家 i（$i=1,\cdots,G$ 且 $i\neq s$）为除国家 s 外的任一其他国家，则国家 s 总出口向量 E_s 还可表示为：

$$E_s = \underbrace{DVA}_{\text{国家}s\text{的增加值}} + \underbrace{\sum_{i \neq s}^{G} FVA_i}_{\text{国家}i\text{的增加值总和}} + \underbrace{PDC}_{\text{重复计算部分}} \tag{3-14}$$

其中，FVA_i 表示为国家 s 出口中隐含来自任一其他国家 i 的增加值向量，且有 $\sum_{i \neq s}^{G} FVA_i = FVA$。需要强调的是，国家 i 不仅以国家 s 出口的进口国身份提供增加值，而且还会以第三国身份提供增加值①。

二、总贸易核算框架下的出口隐含碳测算方法

在生产过程中，若将增加值视为生产得到的“好”产出，则生产中导致的碳排放便是得到的“坏”产出，增加值与碳排放应具有重要的对应关系。因此，当一国出口中隐含的增加值来源包括国外增加值时，该国出口隐含的碳排放也会包括来自国外生产过程产生的碳排放。此外，由于增加值纯重复计算部分并不对应于具体的生产过程，PDC 代表的 4 个增加值分解部分不会对应于具体的碳排放，使得出口隐含碳排放仅由剩余 13 个增加值分解部分对应的碳排放组成。进一步定义国家 s 的单位增加值碳排放系数向量如下：

$$f_s = C_s (\hat{VA}_s)^{-1} \tag{3-15}$$

其中，C_s 为国家 s 的直接碳排放系数向量，$\hat{VA}_s$ 为增加值向量 VA_s 的对角矩阵。f_s 衡量的是该国内分行业生产单位增加值所引起的碳排放水平。同理，可定义 f_i 为国家 i 的单位增加值碳排放系数向量。至此，得到总贸易核算框架下国家 s 出口隐含碳排放向量 EC_s 为：

① 以国家 1 仅对国家 2 和国家 3 出口为例，国家 1 对国家 2 出口中将隐含来自国家 2（进口国）的增加值，而对国家 3 出口中仍将隐含来自国家 2（第三国）的增加值。所以，国家 1 总出口中隐含的国家 2 增加值将来自两部分，即国家 2 分别以进口国和第三国身份提供的增加值。

$$EC_s = \underbrace{f_s DVA}_{\text{国家}s\text{产生的碳排放}} + \underbrace{\sum_{i \neq s}^{G} f_i FVA_i}_{\text{国家}i\text{产生的碳排放总和}} \quad (3-16)$$

根据式（3－16）可得，国家 s 出口隐含碳排放不仅包括国内碳排放，还包括任一其他国家 i 产生的碳排放，而且该部分碳排放是国家 i 以进口国和第三国两种身份产生的。

三、基于增加值的碳排放转移衡量指标

现有研究多以出口隐含碳或净出口隐含碳作为碳排放转移的衡量指标，而本书将根据一国（地区）出口中隐含的增加值流动情况来衡量由其引起的碳排放转移水平，进而衡量 GVC 分工的碳排放转移效应。为此，有必要先对一国（地区）出口的增加值来源与吸收去向进行具体剖析。众所周知，与传统国际分工模式不同，GVC 分工是以生产国际分割为特征，使得不同生产工序分布在不同国家，中间品贸易也得到了飞速发展，进而导致增加值来源与吸收模式也发生了明显变化。接下来，将以国家 s 对国家 r 出口的增加值来源与吸收去向为例来说明 GVC 分工下增加值流动的复杂性。

如图 3－1 所示，在国家 s 对国家 r 的出口中，国家 s 增加值的来源与吸收去向包括以下 4 个路径：①直接被国家 r 所吸收（$T1-T2$）；②被国家 r 用于生产并出口至国家 t（$T3-T5$）；③被国家 r 用于生产中间品出口至国家 t 且最终被国家 r 吸收（$T17$）；④返回被本国吸收（$T6-T8$）。另外，在国家 s 对国家 r 出口中，还会隐含国家 r（进口国）和国家 t（任一第三国）的增加值，但两者的来源吸收去向均仅为 1 个路径，即返回被本国（国家 r）吸收（$T11-T12$）和被国家 s 用于生产出口至国家 r（$T14-T15$）。总之，国家 s 出口中会隐含其他国家的增加值，那么在其他国家出口中也同样会隐含国家 s 的增加值。

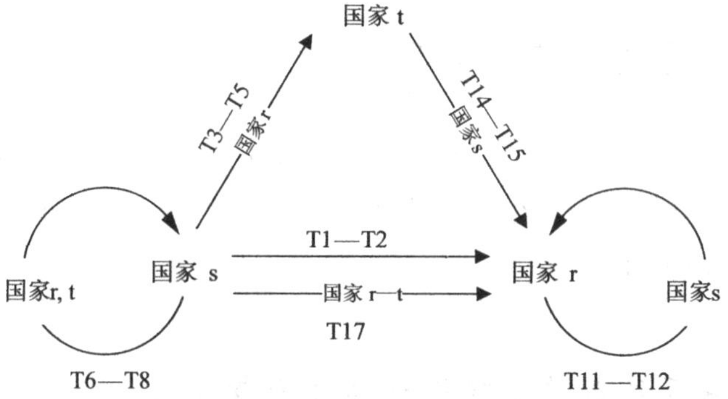

注："箭头"前端表示增加值吸收国，末端表示增加值来源国，箭头内部表示出口中涉及的其他国家。

图 3－1　国家 s 对国家 r 出口的增加值来源与吸收去向

根据上述分析，将国家 s 出口中隐含的国内增加值（DVA）和国外增加值（FVA）进行如下分解：

$$DVA = \sum_{i \neq s}^{G} DVA_{si} \tag{3-17}$$

$$FVA = \sum_{i \neq s}^{G} FVA_{i} = \sum_{i \neq s,j}^{G} \sum_{j \neq s}^{G} FVA_{s,ji} \tag{3-18}$$

其中，DVA_{si} 为国家 s 出口中被国家 i 最终吸收的国内增加值，$FVA_{s,ji}$ 为国家 s 出口中来源于国家 j 且最终被国家 i 吸收的国外增加值，该部分反映出国家 j 和国家 i 通过 GVC 分工体系参与到了国家 s 的出口活动中，这正是传统贸易分工视角下难以体现的部分。按照 FVA 分解的思路，同样可以得到国家 s 在其他国家出口中提供的增加值部分（fva_s），即为：

$$fva_s = \sum_{j \neq s,i}^{G} \sum_{i \neq j}^{G} FVA_{j,si} \tag{3-19}$$

其中，$FVA_{j,si}$ 为国家 j 出口中来源于国家 s 且最终被国家 i 吸收的国外增加值。根据该部分增加值，可以得出国家 s 在其他国家出口中产生的碳排放转移情况。

综上，可以得到在总贸易核算框架下基于增加值的碳排放转移衡量指标：

$$ET_s = \sum_{i \neq s}^{G} ET_{si} = \sum_{i \neq s}^{G} \underbrace{(f_s DVA_{si} + f_s \sum_{j \neq s,i}^{G} FVA_{j,si})}_{\text{国家}s\text{对国家}i\text{的碳排放转移}}$$

$$= \underbrace{\sum_{i \neq s}^{G} f_s DVA_{si}}_{\text{隐含在国家}s\text{出口部分}} + \underbrace{\sum_{i \neq s}^{G} f_s \sum_{j \neq s,i}^{G} FVA_{j,si}}_{\text{隐含在任一其他国家}i\text{出口部分}} \quad (3-20)$$

式（3－20）中，ET_s 表示国家 s 在 GVC 分工体系下出口引起的碳排放转移总和，其可分解为隐含在本国出口和其他任一国家出口两个部分。可见，上述碳排放转移与 GVC 分工下的增加值流动相对应，即碳排放转移的来源和目的地与增加值的来源和吸收去向一一对应。需要说明的是，按照式（3－20）的衡量方式，不仅可以得到一国（地区）在 GVC 分工下因出口引起的整体碳排放转移水平，还可以将其分解为对任一其他国家（地区）的碳排放转移水平，为考察碳排放转移的地区结构和网络特征提供了可能。

第二节 全球碳排放转移的测算结果分析

一、数据来源与说明

为保证数据一致性，测算各国（地区）出口隐含碳所需的全球投入产出表、进出口以及直接碳排放数据均来自世界投入产出数据库（WIOD）。该数据库分别于 2013 年和 2016 年发布了 1995—2011 年、2000—2014 年世界投入产出表（WIOTs），其中前者包括 40 个国家（地区）和 35 个行业部门，而后者包括 43 个国家（地区）和 56 个行业部门（行业代码为 c1－c56），两者还将具体国家（地区）外的其他地区统称为 RoW①。除投入产出数据外，WIOD 于 2019 年 7 月将环境账户数据更新至 2016 年，该数据的行业分类与 2000—2014 年的 WIOTs 保持一致。因此，本文选择的样本期为 2000—2014 年。

另外，为便于从地区和行业维度展开特征分析，对 WIOD 中的不同国家（地区）、行业进行分类。在地区划分方面，借鉴潘安和戴岭（2020）按发达国家和新兴市场国家进行地区分类的思路，将 44 个国家（地区）分为七国集团（G7，包括美国、德国、英国、法国、意大利、日本、加拿大）、金砖国家（中国、俄罗斯、印度、巴西）、新钻国家（韩国、墨西哥、土耳其、印度尼西亚）、其他区域（剩余 28 个国家和地区）以及 RoW 五大区域②。在行业划分方面，借鉴 Rahman 和 Zhao（2013）行业分类方法，将 56 个行业部门划分为初级产业（c1—c4）、劳动密集型制造业（c6、c7、c22）、资本密集型制造业（c5、c8—c10、c13—c16）、知识密集型制造业（c11、c12、c17—c21）以及服务业（c23—c56）五大分行业。

二、总贸易核算框架下的出口隐含碳排放规模

根据式（3－16）和 WIOD 数据，本书测算得到了各国（地区）在总贸易核算框架下的出口隐含碳排放规模。以下分别从全球、区域、国家三个层面对出口隐含碳排放规模及其变化趋势进行具体分析。

---

① WIOD 中 43 个国家（地区）和 56 个行业部门信息详见附录 A 和附录 B。

② 本书中“金砖国家”和“新钻国家”的界定均来自高盛集团（O’Neill 等，2005）。由于 WIOD 提供的国家数据所限，金砖国家为不包括南非的金砖四国，且中国数据均未包括香港特别行政区、澳门特别行政区和台湾省；新钻国家则为“新钻 11 国”（Next－11）中的四国，其余 7 个新钻国家为孟加拉国、埃及、伊朗、尼日利亚、巴基斯坦、菲律宾以及越南。另外，本书中的“中国台湾”均指中国的台湾省。

（一）全球出口隐含碳排放及其变化趋势

如图3－2所示，2000—2014年全球出口隐含碳排放主要呈现出以下几个方面的变化特征。

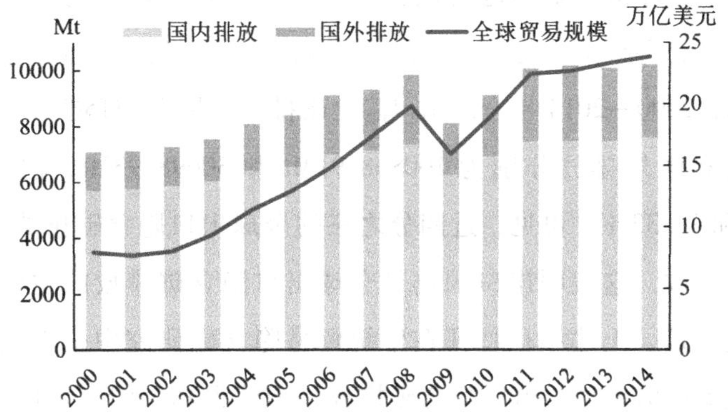

注：全球贸易规模数据来自UNCTAD。

图3－2 2000—2014年全球出口隐含碳排放与贸易规模

第一，出口隐含碳排放规模总体呈现出明显的上升趋势。具体来看，在总贸易核算框架下全球出口隐含碳排放规模已经从2000年的7092.65Mt上升至2014年的10209.38Mt①，上涨近43.94%。其中，2000—2008年全球出口隐含碳排放规模呈现出逐年递增的变化趋势；经过2009年的短期下降后又恢复增长态势，2011年后的变化较为平稳。通过对比2000—2014年全球贸易规模可以发现，全球出口隐含碳排放规模与贸易规模基本保持一致的变化趋势，反映出出口规模的变化对出口隐含碳排放规模的变化起到了重要的作用。以2009年为例，受国际金融危机的影响，全球贸易规模从2008年的19.85万亿美元下降至2009年的15.92万亿美元，下降幅度达19.76%；同期内，全球出口隐含碳排放规模受到了出口

① Mt为兆吨，即为百万吨。

规模下降的影响，也出现了明显的下降，从9840.10Mt下降至8114.73Mt，下降幅度达17.53%。上述现象也折射出一个现实的发展困境，即随着全球贸易水平的逐渐提升，环境问题日益严重，如何协调贸易与环境关系是值得关注的。

第二，全球出口贸易隐含碳排放主要以出口国国内的碳排放为主。从全球出口隐含碳排放的构成来看，出口国国内的碳排放远超国外排放。根据计算，2000—2014年全球出口隐含碳排放总量为131567.84Mt，其中国内排放和国外排放分别为100868.91Mt和30698.93Mt，占比分别为76.67%和23.33%。可见，近四分之三的全球出口隐含碳排放是出口国国内的碳排放，这表明出口国仍是全球出口隐含碳排放的主要贡献者。值得一提的是，上述结构特征在传统贸易隐含碳研究中是无法展现的，因为其根据产值衡量的出口隐含碳排放是无法得到一国（地区）出口中隐含的其他国家（地区）的碳排放。这也是总贸易核算框架下测算出口隐含碳排放的优势所在。

第三，随着GVC分工日渐深化，出口国以外的碳排放对全球出口隐含碳排放的贡献也有所提升。虽然在全球出口隐含碳排放中，国外排放的占比相对较低，但其占比在2000—2014年呈现出明显的上升趋势，已经从2000年的19.97%上升至25.55%。究其原因，这与GVC分工的深化密不可分。国外排放占比的上升，表明在一国（地区）出口活动中有更多的其他国家（地区）参与其中，这在传统的国际分工体系中难以实现，需要借助GVC分工体系才能让各国（地区）间的分工联系更为紧密。为了更好地说明GVC分工程度与国外排放占比的关系，本书借鉴了潘安和戴岭（2020）所构建的GVC分工程度指数来衡量GVC分工程度，并将其与国外排放占比进行对比分析。根据图3-3可知，全球出口隐含碳排放中的国外排放占比与GVC分工程度指数的变化趋势呈现高度一致，在2000—2014年均呈明显的“M”形变化趋势。其中，2009年因国际金融危机导致 GVC 分工在全球范围内遇阻，直接反映是 GVC 分工指数的明显下降。此时，国外排放占比也出现了较为明显的下降，从 2008 年的 25.39% 下降至 2009 年的 22.83%，反映出 GVC 分工程度会影响全球出口隐含碳排放的国内和国外排放构成。

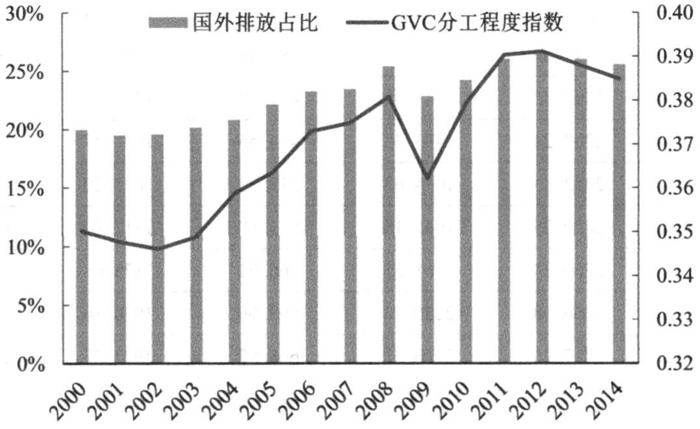

注：GVC 分工程度指数来自潘安和戴岭（2020）。

图 3－3　2000—2014 年全球出口隐含碳排放中的国外排放占比

（二）五大区域出口隐含碳排放及其国外来源

在分析全球出口隐含碳排放后，本书关注到五大区域出口隐含碳排放规模。如表 3－2 所示，2000—2014 年，五大区域出口隐含碳排放规模均呈现出上升趋势，但上升幅度有所不同。其中，G7 国家出口隐含碳排放总和从 2000 年的 2251.37Mt 上升至 2014 年的 2428.47Mt，仅上涨 7.87%；金砖国家出口隐含碳排放总和从 1195.36Mt 上升至 2596.17Mt，上涨高达 117.19%；新钻国家从 475.65Mt 上升至 756.65Mt，上涨也高达 59.08%；其他区域和 RoW 分别从 1506.34Mt、1163.94Mt 上升至 1974.74Mt、2453.36Mt，上涨幅度分别为 31.10%、47.44%。另外，在 2000—2014 年出口隐含碳排放总和方面来看，G7 国家的出口隐含碳排放规模最大，高达36063.46Mt；金砖国家出口隐含碳排放规模较大，为29697.45Mt；新钻国家出口隐含碳排放规模最小，为9025.37Mt。

表3-2　2000—2014年五大区域出口隐含碳排放（Mt）

年份	G7国家	金砖国家	新钻国家	其他区域	RoW
2000	2251.37	1195.36	475.65	1506.34	1663.94
2001	2247.09	1184.94	482.66	1521.05	1691.90
2002	2292.42	1343.55	451.57	1555.73	1633.67
2003	2299.24	1483.35	474.55	1601.47	1694.00
2004	2352.83	1694.63	513.38	1633.20	1909.78
2005	2420.25	1943.18	531.69	1717.90	1790.14
2006	2560.24	2261.55	566.71	1878.68	1844.57
2007	2656.58	2220.70	593.96	1930.16	1909.78
2008	2717.25	2326.32	668.97	1922.22	2205.33
2009	2114.01	1839.59	611.56	1820.32	1729.24
2010	2345.61	2235.11	651.98	1872.41	2013.34
2011	2497.04	2355.60	739.58	2066.82	2405.79
2012	2456.96	2494.99	766.98	2038.83	2404.03
2013	2424.09	2522.42	739.49	1992.16	2400.65
2014	2428.47	2596.17	756.65	1974.74	2453.36
2000—2014	36063.46	29697.45	9025.37	27032.04	29749.51

综合上述排放总和与变化趋势两方面的分析，可以发现以G7国家为代表的传统发达国家具有较高的出口隐含碳排放水平，但其增长幅度较小，出口隐含碳排放规模控制较好；与之相反，以金砖国家、新钻国家为代表的新兴市场国家的出口隐含碳排放水平相对较低，但其增长幅度较大，反映出其在获得出口增长的同时付出的环境代价也随之上升。发达国家和新兴市场国家的上述发展差异，与两者在GVC分工的参与模式、所处地位有关，但具体原因还有待后续章节进一步分析和解答。

在GVC分工体系中，各国（地区）相互参与对方的出口活动，使得各国（地区）出口隐含碳排放中会包含来自其他国家（地区）的碳排放。根据构建的出口隐含碳排放测算框架，可以清晰地衡量出一国（地区）出口中所隐含的国外排放及其具体来源。据此，根据式（3－18）和式（3－19），计算得到了五大区域出口隐含碳排放中国外排放部分的具体来源，详见表3－3。一方面，2000—2014 年，其他区域和 G7 国家出口隐含碳排放中的国外排放规模最大，分别为 9797.10Mt 和 9262.61Mt，占出口隐含碳排放比重分别为 36.24% 和 25.68%；金砖国家和新钻国家出口隐含碳排放中的国外排放规模最小，分别为 2700.37Mt 和 2807.52Mt，占出口隐含碳排放比重分别为 9.09% 和 31.11%。另一方面，RoW 和金砖国家在其他区域出口隐含碳排放中的国外排放贡献最大，分别为 8994.18Mt 和 7026.15Mt；新钻国家对其他区域出口隐含碳排放的国外排放贡献最小，仅为 1547.52Mt。通过对比可以发现，G7 国家和金砖国家的国外排放来源模式存在明显的区别。具体而言，G7 国家的国外排放规模较大，但其在其他区域中的国外排放贡献较低；金砖国家的国外排放规模较小，但在其他区域中的国外排放贡献较高。上述差异反映出，相较于以 G7 国家为代表的发达国家，以金砖国家为代表的新兴市场国家更多地参与到其他地区的出口活动，进而贡献了更多的国外排放，这又与两者在 GVC 中的分工角色密切相关。

表 3－3　2000—2014 年五大区域出口隐含碳排放的国外排放来源（Mt）

分区域	国外排放来源					国外排放总计
	G7 国家	金砖国家	新钻国家	其他区域	RoW	
G7 国家	2037.68	1763.72	451.32	1798.13	3211.76	9262.61
金砖国家	369.54	331.91	182.80	349.73	1466.39	2700.37
新钻国家	424.35	580.80	99.30	253.99	1449.09	2807.52
其他区域	2252.59	2165.78	303.64	2208.14	2866.94	9797.10
RoW	1668.08	2183.94	510.47	1768.85	—	6131.33
小计	6752.23	7026.15	1547.52	6378.84	8994.18	

另外，区域内各国的分工联系，也会对区域出口隐含碳排放的国外排放来源产生影响。例如，G7 国家和金砖国家都已建立了常态化的合作机制，相互间的分工合作非常紧密，导致两大区域内各国提供的国外排放规模均较大。对于 G7 国家，其内部提供的国外排放规模为 2037.68Mt，占比为 22.00%；对于金砖国家，其内部提供的国外排放规模为 331.91Mt，占比为 12.29%。与上述两大区域不同，新钻国家间的合作发展相对落后，并未形成如金砖国家一样的长期合作机制，进而导致其内部提供的国外排放为 99.30Mt，占比仅为 3.54%。

综上，以 G7 国家为代表的发达国家的出口隐含碳排放规模及其国外排放规模均较大，以金砖国家、新钻国家为代表的新兴市场国家的出口隐含碳排放规模及国外排放规模相对较小，但其增长更为明显。同时，区域内国家间的分工合作会对出口隐含碳排放的国外排放部分产生影响，越为紧密的分工合作会导致越大的国外排放规模，这在 G7 国家和金砖国家中表现得尤为明显。总之，各国（地区）在 GVC 分工中的参与模式、分工地位和分工联系均对出口隐含碳排放及其构成产生重要影响，故在 GVC 分工视角下测算与分析出口隐含碳排放显得尤为重要。

（三）各国（地区）出口隐含碳排放及其国外来源

根据前文所构建的总贸易核算框架下的出口隐含碳排放测算方法，本书还得到了 2000—2014 年 43 个国家和地区（不包括 RoW）的出口隐含碳排放规模及其国内排放、国外排放来源等，如表 3－4 所示。

表 3－4　2000—2014 年各国（地区）出口隐含碳排放（Mt）

序号	国家（地区）	出口隐含碳	国内排放	国外排放来源				
				G7 国家	金砖国家	新钻国家	其他区域	RoW
1	澳大利亚	1931	1605	56	55	29	59	127
2	奥地利	911	585	97	70	6	77	76

续表

序号	国家（地区）	出口隐含碳	国内排放	国外排放来源				
				G7 国家	金砖国家	新钻国家	其他区域	RoW
3	比利时	2448	1159	364	194	24	442	264
4	保加利亚	319	225	9	42	4	15	24
5	巴西	2724	2471	44	34	10	38	128
6	加拿大	4158	3270	358	101	41	103	286
7	瑞士	536	179	109	94	6	59	88
8	中国	16242	14649	211	194	129	206	853
9	塞浦路斯	86	31	14	15	1	17	8
10	捷克	918	663	46	112	4	51	42
11	德国	7904	5693	426	595	49	705	436
12	丹麦	2652	1595	254	182	18	368	234
13	西班牙	2305	1473	168	108	58	89	409
14	爱沙尼亚	132	101	3	14	1	7	6
15	芬兰	733	484	45	114	4	55	31
16	法国	3873	2634	303	214	25	268	429
17	英国	3298	2504	190	137	21	227	219
18	希腊	828	496	83	68	7	62	113
19	克罗地亚	197	133	10	31	1	11	12
20	匈牙利	482	279	39	81	4	43	37
21	印度尼西亚	1780	1464	28	50	11	26	202
22	印度	3240	2587	58	77	25	53	440
23	爱尔兰	384	182	95	12	3	26	66
24	意大利	2842	1831	166	220	27	168	431
25	日本	5424	4002	188	294	104	220	617
26	韩国	4184	2431	200	323	66	146	1018
27	立陶宛	162	103	4	31	1	8	16
28	卢森堡	184	105	35	11	1	20	12
29	拉脱维亚	86	61	3	11	0	6	5
30	墨西哥	1533	1256	129	46	11	23	67
31	马耳他	43	28	4	2	1	4	5
32	荷兰	3111	1803	322	327	27	221	410
33	挪威	1350	943	107	55	6	175	65

续表

序号	国家（地区）	出口隐含碳	国内排放	国外排放来源				
				G7 国家	金砖国家	新钻国家	其他区域	RoW
34	波兰	1351	1091	50	117	6	41	47
35	葡萄牙	392	239	26	20	6	28	73
36	罗马尼亚	625	518	16	41	4	17	29
37	俄罗斯	7491	7291	56	27	20	53	46
38	斯洛伐克	426	314	14	53	2	23	20
39	斯洛文尼亚	153	103	12	11	2	13	13
40	瑞典	999	591	100	81	5	163	59
41	土耳其	1529	1066	68	161	11	59	163
42	中国台湾	3290	2149	168	213	74	110	576
43	美国	8566	6867	408	203	185	108	795

注：限于篇幅，数值不保留小数。

接下来，从出口隐含碳排放规模、国内排放及其占比、国外排放来源三个方面对各国（地区）出口隐含碳排放进行具体的分析。在出口隐含碳排放规模方面，不同国家（地区）的排放规模呈现出较大的差异，其中中国、美国、德国、俄罗斯、日本位列前五位。2000—2014 年，中国整体出口隐含碳排放规模高达 16242.18Mt，约是排在第二位美国出口隐含碳排放规模的 1.90 倍，高于排在最后二十五位国家（地区）出口隐含碳排放总和，与中国作为全球第一大碳排放国的身份相符①。除中国外，美国、德国、俄罗斯、日本的出口隐含碳排放规模最大，分别为 8566.26Mt、7903.52Mt、7491.22Mt、5423.66Mt，这些国家具有较高出口隐含碳排放水平与其作为全球主要贸易国家、能源消费国等因素有关。以上 5 个国家在 2000—2014 年的出口隐含碳排放规模高达 45626.85Mt，约占全球出口隐含碳排放总量的 34.68%。另外，2000—2014 年出口隐含

① 根据计算，2000—2014 年出口隐含碳排放规模最小的 25 个国家（地区）出口隐含碳排放量之和为 16137.23Mt。

碳排放规模大于3000Mt的国家（地区）还包括韩国、加拿大、法国、英国、中国台湾、印度、荷兰等，这些国家（地区）在全球贸易市场中也占据了举足轻重的地位。

在国内排放及其占比方面，中国、俄罗斯、美国、德国、日本是出口隐含碳排放中国内排放规模最大的5个国家，分别为14649.18Mt、7290.51Mt、6867.48Mt、5693.11Mt、4001.77Mt。虽然上述国家均具有较高的国内排放规模，但其国内排放占比呈现出一定差异。其中，俄罗斯、中国的国内排放占比均高于90%，分别为97.32%、90.19%；德国、日本、美国的国内排放占比相对较低，分别为72.03%、73.78%、80.17%，反映出这三个国家出口隐含碳排放中更多的排放是来自外部国家。再关注到全部国家（地区），可以发现绝大多数国家（地区）出口隐含碳排放中的国内排放占比高于50%，表明出口隐含碳排放主要是来自国内排放。但也需注意到，瑞士、塞浦路斯、比利时、爱尔兰等四个国家的国内排放占比低于50%，分别为33.39%、35.73%、47.35%、47.49%，表明这些国家出口隐含碳排放主要来自国外排放。相较于国内排放较高的国家，国内排放较低国家的出口隐含碳排放受到GVC分工的影响更大，不仅因为相关国家本身的贸易体量较小或国内排放水平较低，还在于其通过积极参与GVC分工，与更多的国家产生分工联系，使得出口产品中隐含了更多的国外排放。

在国外排放及其来源方面，德国、韩国、美国、中国、日本出口隐含碳排放中国外排放规模最大，分别为2210.41Mt、1752.96Mt、1698.78Mt、1593.00Mt、1421.89Mt。其他国外排放规模大于1000Mt的国家（地区）还包括荷兰、比利时、法国、中国台湾、丹麦、意大利，主要以发达经济体为主。与前文分析相同，还是将各国（地区）出口隐含碳排放中的国外排放来源按照五大区域进行分解。根据表3－4可知，国外排放中来自G7国家排放规模最大的5个国家为德国、美国、比利时、加拿大、荷兰；来自金砖国家排放规模最大的5个国家为德国、荷兰、韩国、日本、意大利；来自新钴国家排放规模最大的5个国家（地区）为美国、中国、日本、中国台湾、韩国。上述国外排放来源特征还是与各国（地区）间的GVC分工联系密不可分。

为了证明GVC分工联系与国外排放来源的关系，进一步关注到NAFTA框架下的北美自由贸易区这一代表性“区域性贸易集团”，并以该集团内部成员之一的墨西哥为例加以说明。从表3－5可以看出，2000—2014年墨西哥出口隐含碳排放中国外排放来源主要来自美国、中国、中国台湾、日本、加拿大等5个国家（地区），占比总和高达55.89%。可以注意到，同样作为北美自由贸易区成员的美国、加拿大是墨西哥出口隐含碳排放中国外排放的主要来源：前者贡献的国外排放为96.15Mt，占比达34.77%；后者贡献的国外排放为8.23Mt，占比为2.98%。除美国、加拿大外，中国、中国台湾、日本等国家（地区）也同为墨西哥的主要贸易伙伴，相互间具有紧密的分工联系，这也能解释为何三者会成为墨西哥国外排放的主要来源。从墨西哥的国外排放来源分析可得，区域性贸易集团内部所产生的紧密分工联系，会对一国（地区）出口隐含碳排放构成产生影响，而相关影响主要通过改变国外排放来源结构加以体现，这与五大区域的国外排放来源分析结论保持一致。

表3－5　2000—2014年墨西哥出口隐含碳排放的国外排放来源

排序	国家（地区）	国外排放来源（Mt）	占比（%）
1	美国	96.15	34.77
2	中国	29.98	10.84
3	中国台湾	11.00	3.98
4	日本	9.19	3.33
5	加拿大	8.23	2.98
6－42	其他37个国家（地区）	55.12	19.93
—	RoW	66.85	24.17

三、增加值贸易视角下的全球碳排放转移规模

（一）各国（地区）对外碳排放转移规模

根据式（3－20），计算得到了增加值贸易视角下全球43个国家（地区）和RoW对外的碳排放转移规模，具体见表3－6。与出口隐含碳排放相似，全球范围内各国（地区）由贸易引起的碳排放转移也集中于少数

表3－6 2000—2014年各国（地区）对外碳排放转移规模（Mt）

序号	国家（地区）	碳排放转移	序号	国家（地区）	碳排放转移	序号	国家（地区）	碳排放转移
1	澳大利亚	2212.5	16	法国	3139.5	31	马耳他	62.3
2	奥地利	736.1	17	英国	3354.9	32	荷兰	2613.0
3	比利时	1451.1	18	希腊	558.2	33	挪威	1399.5
4	保加利亚	267.8	19	克罗地亚	296.7	34	波兰	1397.7
5	巴西	3114.6	20	匈牙利	342.7	35	葡萄牙	289.0
6	加拿大	3892.4	21	印度尼西亚	1893.0	36	罗马尼亚	639.1
7	瑞士	304.5	22	印度	3167.2	37	俄罗斯	10481.3
8	中国	16283.4	23	爱尔兰	341.6	38	斯洛伐克	378.9
9	塞浦路斯	38.7	24	意大利	2238.6	39	斯洛文尼亚	123.4
10	捷克	928.6	25	日本	4649.3	40	瑞典	897.1
11	德国	6638.8	26	韩国	2930.2	41	土耳其	1222.7
12	丹麦	1823.4	27	立陶宛	127.8	42	中国台湾	3451.3
13	西班牙	1746.0	28	卢森堡	158.5	43	美国	7608.7
14	爱沙尼亚	126.6	29	拉脱维亚	71.5	44	RoW	28426.7
15	芬兰	582.6	30	墨西哥	1614.4	总和		124022.1

注：限于篇幅，数值仅保留一位小数。

国家，其中中国和俄罗斯是最大的对外碳排放转移国家，2000—2014 年碳排放转移规模总和高达 16283.44Mt 和 10481.32Mt。除中国和俄罗斯外，美国、德国、日本的碳排放转移规模最大，分列第三至第五位，碳排放转移规模分别为 7608.74Mt、6638.79Mt、4649.31Mt。上述国家也正是出口隐含碳排放规模最大的 5 个国家，其碳排放转移规模占全球总转移规模的比重达 36.81%，甚至高于其出口隐含碳排放占比（即为 34.68%）。

根据式（3－21）可知，从全球视角来看，碳排放转移规模总和与出口隐含碳排放规模总和在数值上是相等的，但这并不意味着各国（地区）的碳排放转移规模和出口隐含碳排放规模也是相等的。通过对比表 3－4 的出口隐含碳排放规模和表 3－6 的碳排放转移规模，可以发现有 14 个国家（地区）的碳排放转移规模要大于其出口隐含碳排放规模，而有更多的 29 个国家和地区（不包括 RoW）的碳排放转移规模要小于其出口隐含碳排放规模。在碳排放转移规模更大的国家中，碳排放转移与出口隐含碳排放规模之差最大的 5 个国家（地区）为俄罗斯、巴西、澳大利亚、中国台湾和印度尼西亚；在出口隐含碳排放规模更大的国家中，出口隐含碳排放与碳排放转移规模之差最大的 5 个国家为德国、韩国、比利时、美国和丹麦。导致碳排放转移规模与出口隐含碳排放规模不同的直接原因在于存在 GVC 分工①，且碳排放转移规模更大的国家更倾向于通过分工转移碳排放以满足其他国家（地区）的最终需求，以俄罗斯和巴西为典型代表。

（二）对各国（地区）的碳排放转移规模

以上碳排放转移的分析主要是基于碳排放转移的来源展开，即考察

① 可以设想，当不存在 GVC 分工时，任一国家只出口完全由国内生产的最终品，该产品的出口碳排放均为国内生产时产生的碳排放（增加值均来自国内），该部分碳排放又恰为因出口导致增加值流动而引起的碳排放转移，此时出口隐含碳排放与碳排放转移相等。

的是增加值来源一方。进一步关注到碳排放转移的去向一侧，即考察对各国（地区）的碳排放转移情况，具体见表 3－7。

表 3－7　2000—2014 年对各国（地区）的碳排放转移规模（Mt）

序号	国家（地区）	碳排放转移	序号	国家（地区）	碳排放转移	序号	国家（地区）	碳排放转移
1	澳大利亚	2269.8	16	法国	4553.0	31	马耳他	48.8
2	奥地利	998.8	17	英国	5074.8	32	荷兰	1845.9
3	比利时	1881.3	18	希腊	795.2	33	挪威	588.2
4	保加利亚	227.3	19	克罗地亚	212.6	34	波兰	1124.7
5	巴西	1954.5	20	匈牙利	450.4	35	葡萄牙	581.3
6	加拿大	2587.7	21	印度尼西亚	1887.0	36	罗马尼亚	500.7
7	瑞士	1268.2	22	印度	3502.4	37	俄罗斯	1550.0
8	中国	8564.1	23	爱尔兰	439.8	38	斯洛伐克	263.4
9	塞浦路斯	123.9	24	意大利	4146.9	39	斯洛文尼亚	222.5
10	捷克	545.4	25	日本	7648.7	40	瑞典	1050.4
11	德国	6722.3	26	韩国	3219.9	41	土耳其	1861.0
12	丹麦	677.7	27	立陶宛	211.6	42	中国台湾	1405.6
13	西班牙	2573.7	28	卢森堡	138.2	43	美国	20884.9
14	爱沙尼亚	92.1	29	拉脱维亚	126.2	44	RoW	26661.7
15	芬兰	568.3	30	墨西哥	1971.4	总和		124022.1

注：限于篇幅，数值仅保留一位小数。

根据表 3－7 报告的碳排放转移规模，可以发现接受碳排放转移规模位列前七位的国家分别为美国、中国、日本、德国、英国、法国和意大利，除中国外其余均为 G7 国家。其中，对美国的碳排放转移规模远大于其他国家，为 20884.92Mt，约为第二名中国的 2.44 倍，高于最少接受碳排放转移的二十八位国家（地区）总和，与美国作为全球第一大经济体的身份相符[①]。不难发现，表3－7中所列国家接受碳排放转移的排名，与各国（地区）的经济总量排名相吻合。根据世界银行WDI数据库提供的数据，2000—2014年GDP（按现价计算）总和排在全球前七位国家分别为美国、日本、中国、德国、英国、法国、意大利，这与接受碳排放转移规模的国家排名基本一致。除上述七个国家外，对印度、韩国、加拿大、西班牙、澳大利亚等国家的碳排放转移规模也相对较大，均高于2000Mt，这些国家也是全球范围内经济体量相对较大的国家。可见，各国的经济发展水平会影响其最终需求，在GVC分工体系下最终需求还可以由国外产品加以满足，但同时会引起碳排放的跨国转移。

（三）各国（地区）的碳排放净转移规模

定义各国（地区）对外碳排放转移规模与对其碳排放转移规模之差为该国（地区）的碳排放净转移规模。当碳排放净转移规模大于零时，该国（地区）处于碳排放净转出地位，即参与GVC分工导致更多的国内排放；当碳排放净转移规模小于零时，该国（地区）处于碳排放净转入地位，即参与GVC分工有利于降低国内排放。据此，在表3－8中报告了各国（地区）的碳排放净转移情况。

如表3－8所示，43个国家和地区（不包括RoW）中处于碳排放净转出地位的有19个国家（地区），数量上要低于碳排放净转入地位的国家，这表明更多的国家能够通过参与GVC分工降低国内碳排放。

① 美国在接收碳排放转移中的地位，与中国在出口隐含碳排放中的地位较为相似，均是远高于其他国家（地区）。

表 3-8　2000—2014 年各国（地区）碳排放净转移规模（Mt）

碳排放净转出国家（地区）								
排序	国家（地区）	净转出规模	排序	国家（地区）	净转出规模	排序	国家（地区）	净转出规模
1	俄罗斯	8931.36	8	荷兰	767.09	15	爱沙尼亚	34.43
2	中国	7719.32	9	捷克	383.15	16	卢森堡	20.33
3	中国台湾	2045.71	10	波兰	273.00	17	芬兰	14.32
4	加拿大	1304.79	11	罗马尼亚	138.44	18	马耳他	13.51
5	巴西	1160.14	12	斯洛伐克	115.51	19	印度尼西亚	6.05
6	丹麦	1145.73	13	克罗地亚	84.13	—	RoW	1764.95
7	挪威	811.25	14	保加利亚	40.53			
碳排放净转入国家								
排序	国家	净转入规模	排序	国家	净转入规模	排序	国家	净转入规模
1	美国	13276.18	9	比利时	430.28	17	匈牙利	107.68
2	日本	2999.36	10	墨西哥	356.96	18	斯洛文尼亚	99.09
3	意大利	1908.30	11	印度	335.19	19	爱尔兰	98.23
4	英国	1719.92	12	葡萄牙	292.35	20	塞浦路斯	85.20
5	法国	1413.45	13	韩国	289.66	21	立陶宛	83.88
6	瑞士	963.66	14	奥地利	262.64	22	德国	83.55
7	西班牙	827.62	15	希腊	237.04	23	澳大利亚	57.26
8	土耳其	638.31	16	瑞典	153.30	24	拉脱维亚	54.64

一方面，在处于碳排放净转出国家（地区）中，俄罗斯、中国的碳排放净转出规模位列前两位，分别为 8931.36Mt、7719.32Mt，远高于其他国家，表明这两个国家在 GVC 分工体系下大规模的国内碳排放是用于满足其他国家（地区）的最终需求。除俄罗斯、中国外，中国台湾、加拿大、巴西、丹麦等国家（地区）的碳排放净转出规模也较大，均高于

1000Mt，这些国家（地区）的碳排放转移对象则主要为其在 GVC 分工下的主要贸易和分工伙伴。以加拿大为例，2000—2014 年该国对外碳排放转移规模为 3892.45Mt，其中对美国的碳排放转移规模高达 2026.14Mt，占比为 52.05%，这足以说明美国不仅是加拿大最大的贸易伙伴国，也正是加拿大对外碳排放转移最为主要的对象国①。

另一方面，相较于碳排放净转出国家（地区），碳排放净转入国家更多为发达国家，表明发达国家在 GVC 分工中更有可能处于相对较为有利的碳排放净转入地位，能够通过分工和贸易在满足国内最终需求的条件下实现碳减排。具体来看，在处于碳排放净转入国家中，美国、日本、意大利、英国、法国等 5 个 G7 国家位列前五，碳排放净转入规模分别为 13276.18Mt、2999.36Mt、1908.30Mt、1719.92Mt、1413.45Mt，也仅这 5 个国家的碳排放净转入规模大于 1000Mt。通过比较可知，美国的碳排放净转入规模远大于第二名的日本，且比俄罗斯、中国的碳排放净转出规模还要大，而这还是与美国作为第一大经济体和具有较强的国内市场需求密切相关。事实上，美国不仅是主要的碳排放转入国家，也是主要的碳排放转出国家，但因碳排放转入规模更大而处于碳排放净转入地位，与之相类似的国家还包括日本、德国、意大利、英国、法国等 G7 国家。换言之，上述发达国家虽然在 GVC 分工下通过贸易满足其他国家最终需求时转移了部分碳排放，但其还可通过 GVC 分工促使其他国家通过贸易满足自身国内最终需求而减少更多的碳排放，从而总体上实现了碳减排。

① 根据计算，2000—2014 年加拿大对外碳排放转移规模排在第二、第三位的是日本、中国，转移规模分别为 161.07Mt、152.84Mt，与对美国的碳排放转移规模存在较大差距。

第三节 全球碳排放转移的特征分析

一、地区分布特征

前文关于全球碳排放转移的分析主要还是集中在对主要国家（地区）转移规模的剖析，未涉及具体国家（地区）间碳排放转移的讨论，而这将在地区分布特征分析中加以展开。与本章第二节按经济发展因素进行地区分类的思路不同，本节在考虑地理区位因素的基础上，将奥地利等28个欧盟（European Union，EU）国家合并为一个整体的地区进行考虑，以更好地分析全球碳排放转移的地区分布特征①。据此，本节将对17个国家（地区）间的碳排放转移进行深入的特征分析。图3-4展示了2000—2014年不同国家（地区）碳排放转移的来源与去向情况，左侧为碳排放转移的来源，即实际碳排放的国家；右侧为碳排放转移的去向，即实际满足最终需求的国家②。从中可以看出全球碳排放转移主要呈现以下几个方面的地区分布特征。

第一，全球碳排放转移的地区分布广泛，相互间形成了复杂的转移网络。从图3-4可以看出，所研究的全部国家（地区）均参与到了全球碳排放转移过程中，任一国家（地区）间均存在碳排放转移，总的形成

① 由于考察的时间区间为2000—2014年，故仍将英国作为欧盟国家进行分析。将28个欧盟国家合并为一个地区后，44个国家（地区）将包括欧盟、剩余15个国家（地区）、RoW等17个国家（地区）。

② 可以发现，图3-4能够同时刻画出不同国家（地区）对外碳排放转移的地区分布和对其碳排放转移的来源地区分布，即是对表3-6和表3-7的碳排放转移内容按照转移来源和去向进行地区分解。

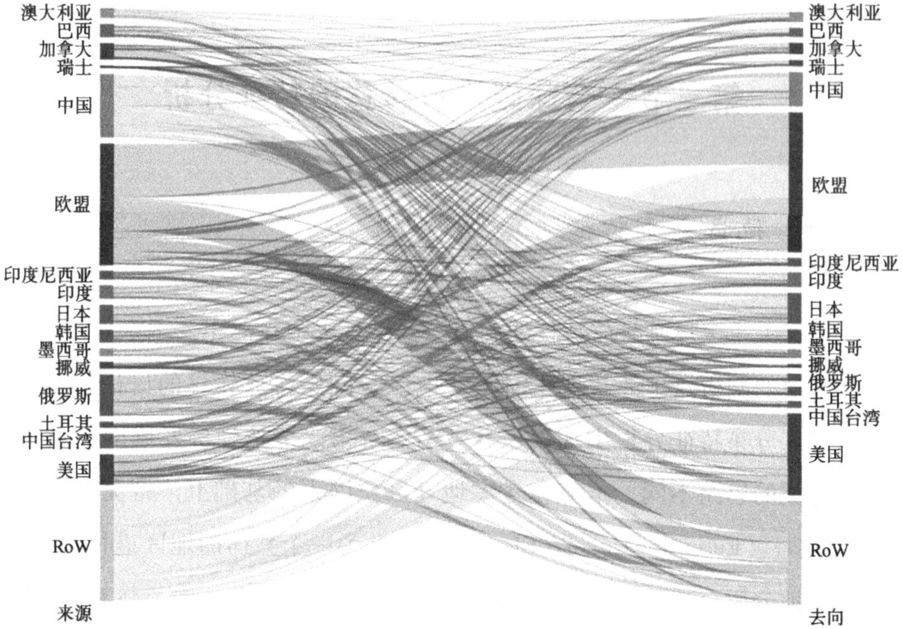

图3－4　2000—2014年各国（地区）碳排放转移的来源与去向情况

了一个较为复杂的碳排放转移网络①。全球碳排放转移网络的形成源自各国（地区）广泛而深入地参与GVC分工，而复杂的转移网络与复杂的分工联系直接关联，GVC分工下的产品内分工不仅实现了增加值的跨国流动，同时产生的碳排放也随着中间品和最终品贸易而发生跨国转移。

第二，碳排放转移来源与去向的地区分布较为集中，少数国家（地区）占据主要地位。从全球碳排放转移的整体地区分布来看，除RoW外，碳排放转移的来源主要集中于欧盟、中国、俄罗斯、美国等国家（地区），这四个国家（地区）占比高达53.01%；碳排放转移的去向集中于欧盟、美国、中国、日本等国家（地区），其占比更是高达54.18%。上述地区分布的集中性特征，在一定程度上反映出全球碳排放转移网络

① 正是基于该特征，后续研究将使用SNA方法分析全球碳排放转移网络。

或存在少数几个网络中心，而这些中心在GVC分工网络中也处于中心地位（谢锐等，2020）。

第三，全球碳排放转移的地区分布与各国（地区）的分工联系具有较强的关联性。延续第二节中GVC分工联系与国外排放来源关系的分析思路，以北美自由贸易区三个成员国为例加以说明。根据计算，2000—2014年，美国对外碳排放转移规模最大的两个目的国为加拿大和墨西哥，分别为693.81Mt和600.80Mt；墨西哥对外碳排放转移规模最大的两个目的国为美国和加拿大，分别为898.91Mt和71.68Mt；加拿大对外碳排放转移规模最大的目的国为美国，为2026.14Mt，而对墨西哥的碳排放转移为97.96Mt，位列第五位。可见，美加墨三国在NAFTA框架下不仅实现了自由贸易，相互间也成为主要的碳排放转移目的地。另外，图3－4还展示了欧盟内部国家间的碳排放转移情况，可以发现欧盟内部的碳排放转移约占其总的碳排放转移规模比重的一半，而这与欧盟高水平的区域经济一体化不无关系①。

在分析不同国家（地区）间碳排放转移总况后，进一步通过分析各国（地区）最为主要的碳排放转移关系，以期揭示出更为深入的碳排放转移地区分布特征。全球碳排放转移在2000年主要有2个目的地，即美国和欧盟。其中，美国、俄罗斯、挪威、瑞士、印度、土耳其等五国的主要碳排放转移目的地为欧盟，其余11个国家（地区）的主要碳排放目的地为美国，美国和欧盟则互为对方最为主要的碳排放转移目的地。对于欧盟而言，俄罗斯、美国对其碳排放转移的规模最大，分别为285.52Mt、141.44Mt，碳排放转移规模远大于其他国家；对美国而言，欧盟、加拿大、中国对其碳排放转移的规模最大，分别为264.82Mt、140.22Mt、101.73Mt。的确，欧盟和美国在2000年是世界范围内地位举

① 2000—2014年欧盟28个国家整体对外碳排放转移规模为31370.27Mt，其内部成员国间的碳排放转移规模为13626.06Mt，占比为43.44%。

足轻重的两大经济体，相互间的经济联系也较为紧密，不仅 GVC 分工主要围绕这两个经济体展开，全球碳排放转移也是以两者为中心。

然而，到 2014 年，上述地区分布特征发生了一定的变化，全球碳排放转移出现了另一个转移中心——中国。除欧盟、美国外，中国成为第三个主要碳排放目的地。具体来看，在原有美国、俄罗斯、挪威、瑞士、印度、土耳其等六国基础上，欧盟还成为印度尼西亚的主要碳排放转移目的地；美国、加拿大、墨西哥、巴西、中国的主要碳排放转移目的地仍为欧盟，但中国对欧盟的碳排放转移规模升至第一，为 246.26Mt，不仅超过了欧盟，还超过了加拿大、墨西哥、巴西三国对美国碳排放转移的总和；处于亚太地区的韩国、日本、中国台湾、澳大利亚等国家（地区）的主要碳排放转移目的地由 2000 年的美国转为中国，碳排放转移规模分别为 41.38Mt、59.30Mt、50.42Mt、46.19Mt，较 2000 年对美国的碳排放转移规模均有所上升。可见，中国在亚太地区的价值链分工影响力有所上升，与包括日本、韩国等亚太地区主要经济体的分工联系明显加强，进而使得这些国家（地区）的主要碳排放目的地由美国转为中国。至此，可以发现截至 2014 年，全球碳排放转移主要形成了以欧盟、美国、中国为中心的地区分布格局，该格局的形成与三者在 GVC 分工网络中处于核心地位有所联系。例如，加拿大、墨西哥、巴西等美洲国家主要以美国为碳排放转移中心，俄罗斯、挪威、瑞士等欧洲国家以欧盟为碳排放转移中心，日本、韩国、澳大利亚等亚太国家以中国为转移中心①，这再次反映出 GVC 分工会对全球碳排放转移产生不可忽视的影响。

此外，通过对比各国（地区）2000 年和 2014 年对外主要碳排放转移规模，可以发现仅欧盟、美国、加拿大、俄罗斯、挪威、瑞士、印度尼西亚等少数国家（地区）的主要碳排放转移规模有所下降，其他国家

① 关于全球碳排放转移的中心国问题，会在后续的全球碳排放转移网络中给予进一步的分析。

（地区）的主要碳排放规模转移均有不同程度的上升，其中中国、印度、澳大利亚等国家的上升幅度均高于 100%。

二、分行业特征

按照前述的行业分类，计算得到了全球五大分行业碳排放转移情况。图 3－5 首先报告了五大分行业碳排放转移的占比情况，可以发现资本密集型制造业的碳排放转移占比最高，为 43.44%；其次是服务业，占比为 28.47%；知识密集型制造业、初级产业、劳动密集型制造业的碳排放转移占比最低，分别为 13.86%、8.21%、6.02%。可见，资本密集型制造业是全球碳排放转移主要涉及的行业，不仅与该行业的进出口规模较大有关，还有与其具有较高的碳排放系数密切相关。以 2000—2014 年碳排放转移规模最大的中国为例，其 2014 年国内增加值碳排放系数最高的三个行业分别为电、煤气、蒸汽和空调供应（c24）、其他非金属矿物制品业（c14）、基本金属制品业（c15），其中就有两个行业为资本密集型制造业。

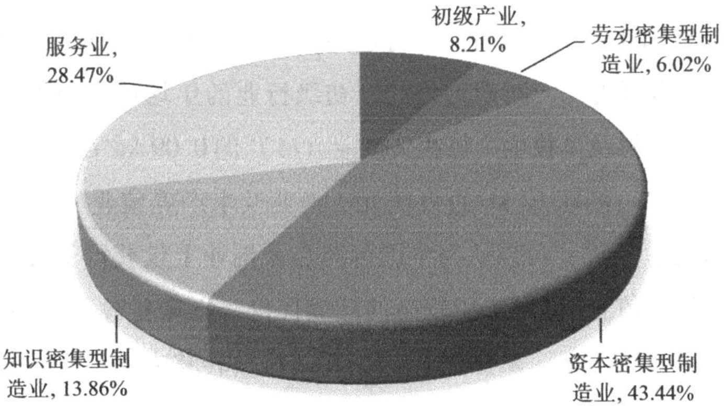

图 3－5　2000—2014 年全球五大分行业碳排放转移占比情况

在简要分析了五大分行业碳排放转移的相对规模基础上，进一步关注到五大分行业碳排放转移的绝对规模。表 3 - 9 报告了 2000—2014 年五大分行业碳排放转移规模及位列前五位的国家（地区）。可以发现，在制造业的三大分行业中，中国对外碳排放转移规模均位居第一位，这与中国同为第一制造业大国和碳排放大国不无关系[①]。一般而言，各国在不同分行业中的碳排放转移位次与其出口行业优势有关，例如印度尼西亚、印度等国家在劳动密集型制造业上的碳排放转移规模位居前列，美国、德国等国家在资本密集型制造业、知识密集型制造业以及服务业上具有较大的碳排放转移规模，俄罗斯、印度等国家在初级产业上的碳排放转移规模较大。除上述一般情况外，从表 3 - 9 中还可以发现非初级产业传统优势地区的中国台湾，其在初级产业碳排放转移中位列第二位，这一现象值得格外关注。从初级产业的细分行业来看，中国台湾对外碳排放转移规模最大的初级产业为采掘业（c4），该行业 2000—2014 年对外碳排放转移规模为 949.60Mt，占该地区初级产业碳排放转移规模的比重高达 97.51%。可见，中国台湾初级产业对外碳排放转移规模如此之大的原因主要在于采掘业，但该行业具有较大碳排放转移规模的原因并不是出口规模大，而是具有较高的单位增加值碳排放系数。根据 WIOD 提供的数据，2000—2014 年中国台湾在行业 c4 上的年均单位增加值碳排放系数为 39.61kt/百万美元，同期另外三个初级行业的年均单位增加值碳排放系数分别为作物及畜牧生产等相关产业（c1）的 0.09 kt/百万美元、林业及伐木业（c2）的 0.12 kt/百万美元、渔业及水产养殖业（c3）的 1.59 kt/百万美元。所以，可以认为中国台湾在采掘业上仅获得了较低的贸易利益（即增加值），但付出了较高的环境代价（即碳排放），同时又成为全球范围内初级产业（采掘业）的主要碳排放转移来源地区。通过对中

① 根据中华人民共和国工业和信息化部于 2021 年 3 月 1 日发布数据，中国“十三五”期间工业增加值由 23.5 万亿增加到 31.3 万亿，到 2020 年已连续 11 年位居世界第一制造业大国。

国台湾初级行业的分析，可以得到一国（地区）具有较高的碳排放转移规模可能与其有较大水平的出口规模有关，也可能与其在该行业的碳排放系数过高有关。

表 3 -9　　2000—2014 年五大分行业碳排放转移规模（Mt）

行业	碳排放转移	对外转移前五位国家（地区，不包括 RoW）				
		1	2	3	4	5
初级产业	10177.40	俄罗斯	中国台湾	加拿大	印度	印度尼西亚
劳动密集型制造业	7461.38	中国	印度尼西亚	印度	美国	土耳其
资本密集型制造业	53880.88	中国	俄罗斯	巴西	美国	德国
知识密集型制造业	17195.55	中国	美国	俄罗斯	日本	德国
服务业	35306.94	美国	德国	俄罗斯	中国	日本

图 3 -6 进一步展示了不同国家（地区）在五大分行业中碳排放转移，以期揭示出更为深入的分行业特征[①]。接下来，将逐一分析五大分行业中的主要国家（地区）间碳排放转移情况。首先，在初级产业方面（见图 3 -6（a）），俄罗斯近半数碳排放转移的目的地为欧盟，这与俄罗斯作为欧盟主要能源供应国有关；除欧盟外，RoW、美国、中国、日本是俄罗斯主要的碳排放转移目的地。对于中国台湾、加拿大而言，美国是两者最大的碳排放转移目的地，其中对美国初级产业碳排放转移占加拿大该行业碳排放转移规模比重更是高达 69.02%，足以反映出上述两个地区是美国主要的初级产品供给者。除 RoW 外，印度和印度尼西亚初级产业对外碳排放转移前五位的目的地均为中国、欧盟、美国、日本和韩国，反映出两国在初级产业碳排放转移上呈现出的行业特征具有一定相似性。

① 为便于分析，图 3 -6 中未标记出欧盟内部的碳排放转移情况。图 3 -6 的和弦图中，弦线两端的不同弧长代表所连接的两个国家（地区）之间的碳排放转移情况，弧长越长表明碳排放转移规模越大，弦线的颜色取决于碳排放转移规模更大一端的颜色。

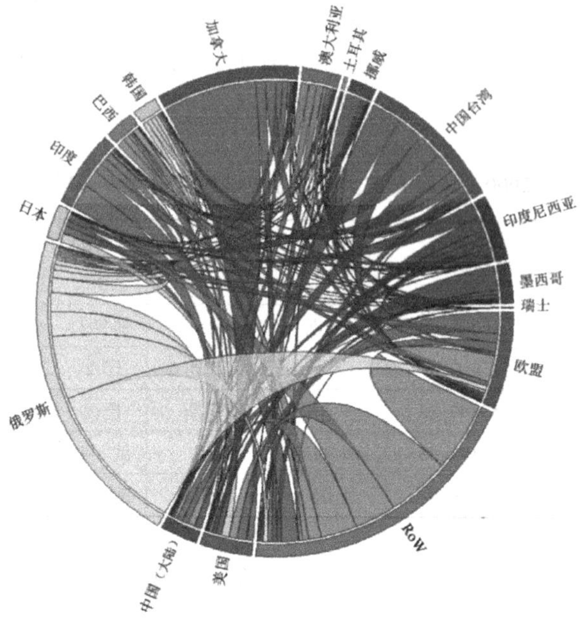

（a）初级产业

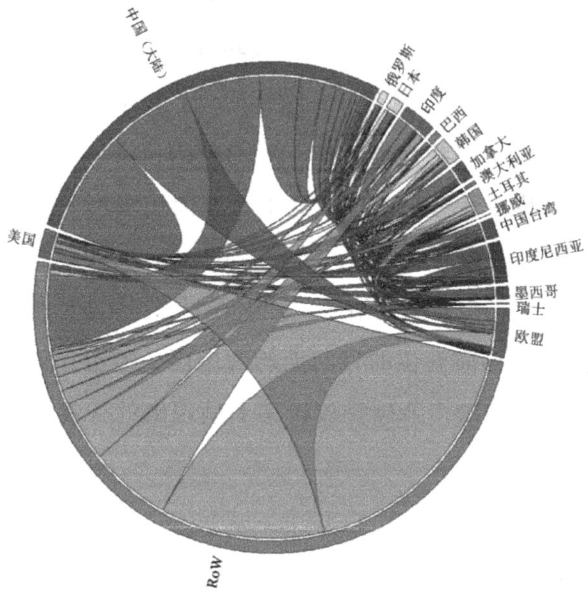

（b）劳动密集型制造业

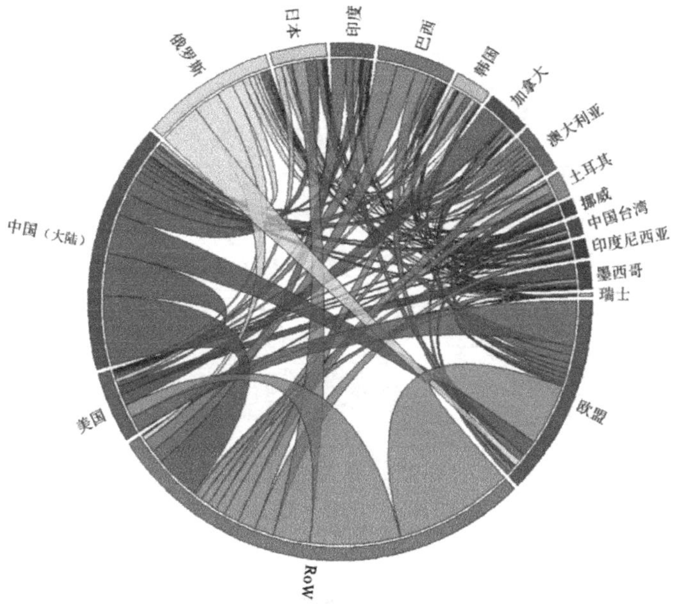

（c）资本密集型制造业

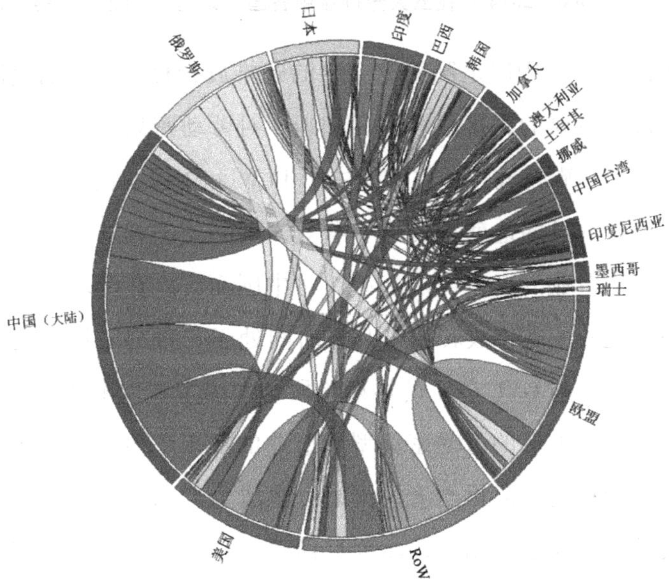

（d）知识密集型制造业

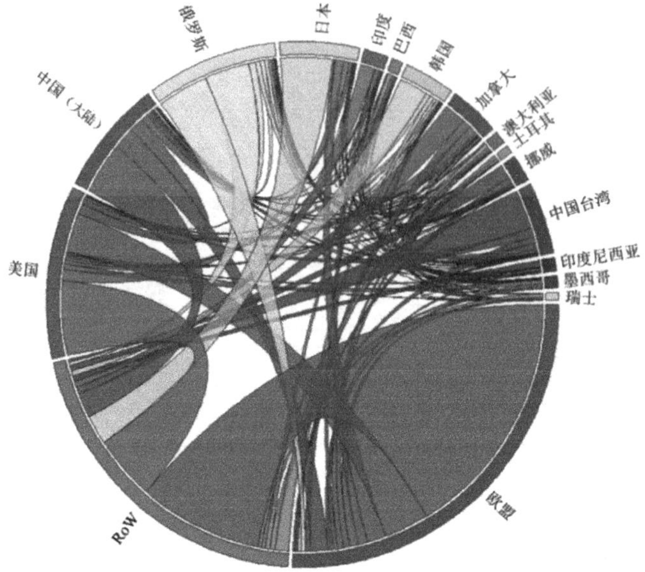

(e) 服务业

图3－6　2000—2014年在五大分行业中各国（地区）间碳排放转移情况

其次，RoW和中国是制造业主要的碳排放转移来源，而美国和欧盟是制造业最为主要的碳排放转移目的地。对劳动密集型制造业而言（见图3－6（b）），碳排放转移主要集中于RoW和中国，两者对外碳排放转移规模前两位的目的地就为美国和欧盟，表明美国和欧盟是全球主要的劳动密集型制造业的进口需求来源。对中国而言，在劳动密集型制造业上存在较大规模的碳排放转移与其长时间处于“世界工厂”的分工地位不无关系。在参与GVC分工的早期阶段，中国主要以丰裕且廉价的劳动力要素从事低附加值的劳动密集型制造业的加工和生产，在成为全球主要劳动密集型相关商品供给者的同时，也成为劳动密集型制造业主要的碳排放转移国。与中国相同，印度尼西亚、印度在劳动密集型制造业上的碳排放转移目的地也主要为美国和欧盟，再次反映出美国和欧盟等发达经济体主要通过进口来满足其内部对劳动密集型制造业产品的需求，进而成为该行业碳排放转移的主要目的地。

与劳动密集型制造业不同，资本密集型制造业和知识密集型制造业方面的碳排放转移来源地区的分布较为分散。在资本密集型制造业（见图3－6（c））方面，来自RoW的碳排放转移规模最大，中国次之，美国和欧盟仍是两者主要的碳排放转移目的地。在知识密集型制造业（见图3－6（d））方面，中国对外碳排放转移规模最大，甚至超过了RoW，但两者对外碳排放转移规模最大的两个目的地还是美国和欧盟，同时日本还是两者共同的第三大碳排放转移目的地。此外，值得注意的是，美国和欧盟也是资本密集型制造业和知识密集型制造业主要的碳排放转移来源，两者还互为对方主要的碳排放转移目的地。

最后，在服务业方面（见图3－6（e）），欧盟、RoW、美国的服务业碳排放转移规模位列前三，而且相互间还是对方最为主要的碳排放目的地。具体而言，欧盟碳排放转移规模最大的目的地为RoW和美国，两者占比之和为75.54%；RoW碳排放转移规模最大的目的地为欧盟和美国，两者占比之和为61.15%；美国碳排放转移规模最大的目的地为RoW和欧盟，两者占比之和为69.53%。上述碳排放转移关系可以充分地反映出欧盟、RoW、美国三者在服务业上紧密的贸易和分工关系。进一步可以发现，欧盟、RoW、美国还是其他主要碳排放转移国家的转移目的地。例如，中国、俄罗斯、日本在服务业上对外碳排放转移规模前三位均为欧盟、RoW、美国，对这三个地区的碳排放转移规模之和的占比分别为80.83%、82.69%、86.52%。根据以上占比数据不难得到，由于欧盟和美国等发达经济体在服务业乃至服务贸易上的发展优势较为明显，使得其兼具了服务业碳排放转移主要来源地和目的地的双重身份。

第四节 本章小结

与现有多数研究以出口隐含碳或净出口隐含碳作为碳排放转移的衡量指标不同，本书创新地构建了以增加值为基础的碳排放转移衡量指标，能够考察GVC分工下与增加值流动同步的碳排放转移过程，以全面地分析GVC分工的碳排放转移效应。具体而言，本书先延续Wang等（2013）提出总贸易核算法的出口增加值分解思路，对一国（地区）的出口按增加值来源不同分解为17个部分，据此提出了总贸易核算框架下一国（地区）出口隐含碳排放的衡量方法；然后，在深入分析一国（地区）出口增加值来源与吸收去向基础上，最终得到了基于增加值的碳排放转移衡量指标。上述衡量方法得到的碳排放转移与GVC分工下的增加值流动相对应，能够从转移来源与目的地两侧对GVC分工引起的全球碳排放转移进行全面的分析。

利用WIOD提供的最新世界投入产出表和环境账户数据，本书测算得到了2000—2014年全球44个国家（地区）整体及分行业出口隐含碳排放及碳排放转移规模。在出口隐含碳排放规模分析中，发现全球出口隐含碳排放规模总体呈现出明显的上升趋势，其主要由出口国国内的碳排放为主，但随着GVC分工日渐深化，国外碳排放占比有所上升。从分区域来看，G7国家等传统发达国家的出口隐含碳排放规模及其国外排放规模均较大，而以金砖国家、新钻国家为代表的新兴市场国家的出口隐含碳排放规模及国外排放规模虽然相对较小，但其增长更为明显。不同国家（地区）出口隐含碳排放规模及其构成结构，会受到该国（地区）参与GVC分工模式、分工地位以及与其他国家分工联系的影响。

在全球碳排放转移中，中国和俄罗斯是最大的碳排放转移国家，美国、德国、日本的碳排放转移规模也较大，分列三至五位；G7 国家和中国是全球主要接受碳排放转移的国家，但与中国作为主要碳排放净转出国不同，G7 国家主要处于碳排放净转入地位，即参与 GVC 分工有利于国内碳减排。对全球碳排放转移的深入分析，发现其存在较为明显的地区分布和分行业特征。在地区分布特征方面，全球碳排放转移的地区分布广泛，但碳排放转移来源与去向的地区分布集中度较高，地区分布与各国（地区）的分工联系具有较强的关联性。从 2000 年到 2014 年，全球碳排放转移逐渐形成了以欧盟、美国、中国为中心的地区分布格局，该格局的形成与三者在 GVC 分工网络中处于核心地位有所联系。在分行业特征方面，制造业整体的碳排放转移规模最大，其中资本密集型制造业的碳排放转移占比在五大分行业中最高。在制造业全球碳排放转移中，中国是制造业主要的碳排放转移来源，而美国和欧盟是制造业最为主要的碳排放转移目的地。另外，俄罗斯是初级行业碳排放转移规模最大的国家，欧盟、美国、中国、日本等是其碳排放转移的主要目的地；借助在服务业发展上的相对优势，欧盟和美国兼具了服务业碳排放转移主要来源地和目的地的双重身份。

总之，在 GVC 分工体系下，基于增加值的分析视角可以揭示出复杂的全球碳排放转移过程，而这一过程显然受到了 GVC 分工的影响。与 GVC 分工网络相对应，全球碳排放转移也逐渐形成了一个复杂的转移网络。对该网络的分析，则需借助 SNA 方法加以展开，而这正是第四章所重点关注的研究内容。

第四章　GVC 分工下的全球碳排放转移网络分析

第一节　全球碳排放转移网络及相关指标与方法

一、全球碳排放转移网络的构建

根据式（3-20）基于增加值的碳排放转移衡量指标，构建全球碳排放转移网络。具体而言，分别以向量 $V_s = [v_s]$ 和 $V_i = [v_i]$ 表示碳排放转出国（国家 s）节点和转入国（国家 i）节点，其中 $s, i = 1, 2, \cdots, G$ 且 $s \neq i$。将国家 s 和国家 i 之间的碳排放转移关系作为边，使用邻接矩阵 $A = [a_{si}]$ 加以表示。为保证“一般均衡”网络的稀疏性（孙天阳等，2018），参考许和连等（2018）的方法，将邻接矩阵 i 列对应的碳排放转移规模 ET_{si} 的平均值 $\overline{ET_i}$ 作为临界值，如果国家 s 对国家 i 的碳排放转移规模大于 $\overline{ET_i}$，则 $a_{si} = 1$，表示国家 s 对国家 i 存在碳排放转移；否则 $a_{si} = 0$，表示国家 s 对国家 i 不存在碳排放转移。设定权重矩阵 $W = [w_{si}]$，若国家 s 对国家 i 存在碳排放转移，则 $w_{si} = ET_{si}$，若国家 s 对国家 i 不存在碳排放转移，则 $w_{si} = 0$。V_s、V_i、A、W 共同组成全球碳排放转移网络，记作 $G = (V_s, V_i, A, W)$。

在构建全球碳排放转移网络基础上，本书将从网络联系、网络聚集程度、网络稳定性三个方面构建相关特征指标，以期全面地考察全球碳排放转移网络特征。

二、全球碳排放转移网络分析指标

（一）网络联系特征指标

网络联系特征主要包括网络联系紧密程度与网络互惠性。其中，网络联系紧密程度的衡量指标主要包括网络密度（Wasserman 和 Faust，1994）与平均路径长度（West，2001）。网络密度是网络中实际存在的边与最大可能边数的比例，计算公式如下：

$$Density = \frac{1}{G(G-1)} \sum_{s \neq i}^{G} a_{si} \tag{4-1}$$

其中，*Density* 代表全球碳排放转移网络的网络密度，取值范围在0和1之间，该值越大，表明全球碳排放转移网络中越多的国家间产生了碳排放转移关系，即网络结构越紧密。

网络的平均路径长度衡量了网络中所有节点对之间最短路径长度的平均值，即有：

$$APL = \frac{1}{N(N-1)} \sum_{s>i} d_{si} \tag{4-2}$$

其中，*APL* 代表全球碳排放转移网络的平均路径长度，d_{si} 表示国家 s 和国家 i 之间的最短距离。平均路径长度越短，说明各国与其他国家之间最小中间碳排放转移次数的均值越小，反映了全球碳排放转移网络的通达性越好，即网络联系越紧密。

网络的互惠性反映的是有向网络中节点对之间双向边的存在情况。一般而言，网络中节点对之间可能存在三种连接关系：无连接、非互惠连接（只有其中一个节点有指向对象的边）和互惠连接（两节点都有指向对方的边）。互惠性表示第三种连接关系的数量与后两种连接关系数量之和的比值，即由互惠系数衡量（段文奇等，2008），具体计算公式如下：

$$Reciprocity = \frac{\sum_{s \neq i}^{G} (a_{si} - \bar{a})(a_{is} - \bar{a})}{\sum_{s \neq i}^{G} (a_{si} - \bar{a})^2}, \quad \bar{a} = \sum_{s \neq i}^{G} a_{si}/G(G-1) \quad (4-3)$$

其中，*Reciprocity* 代表全球碳排放转移网络的互惠系数，该值越大说明全球碳排放转移网络中国家间倾向于互有碳排放转移，意味着各国碳排放转移的地位越平等。

（二）网络集聚程度指标

网络集聚程度的衡量指标主要包括网络集聚系数与模块度。在无权无向网络中，网络集聚系数通常被定义为网络中存在的三元组与可能的三元组的数目之比。Clemente 和 Grassi（2018）将其扩展至加权有向网络，计算公式如下：

$$Clustering = \frac{1}{2G}\sum_{s=1}^{G} \frac{[(W + W^T)(A + A^T)^2]_{ss}}{q_s^{tot}(p_s^{tot} - 1) - 2\overset{\leftrightarrow}{q}_s} \quad (4-4)$$

其中，*Clustering* 为加权有向网络的网络集聚系数，上标“T”代表矩阵转置，下标“ss”代表相应矩阵中第 s 行、第 s 列的对应元素；节点 s 的强度 q_s^{tot} 为出强度 q_s^{out} 与入强度 q_s^{in} 之和，即有 $q_s^{tot} = q_s^{out} + q_s^{in} = \sum_{i \neq s}^{G} a_{si}w_{si} + \sum_{i \neq s}^{G} a_{is}w_{is}$。与之类似，节点 s 的度数 p_s^{tot} 为出度 p_s^{out} 与入度 p_s^{in} 之和，即有 $p_s^{tot} = p_s^{out} + p_s^{in} = \sum_{i \neq s}^{G} a_{si} + \sum_{i \neq s}^{G} a_{is}$。$\overset{\leftrightarrow}{q}_s$ 为与节点 s 相连的双向边强度，其表达式为：$\overset{\leftrightarrow}{q}_s = \sum_{i \neq s}^{G} a_{si}a_{is}\frac{(w_{si} + w_{is})}{2}$。网络集聚系数越大，代表网络集聚程度越高，意味着全球碳排放转移网络集聚成社团的特征越明显。

模块度从社团划分质量的角度刻画了有向加权网络的集聚性（Leicht

和 Newman，2008）。采取最优社团结构算法（Brandes 等，2008）寻找所有可能的社团划分方式中模块度最大的划分结果，并将该结果的模块度作为全球碳排放转移网络的模块度，即有：

$$Modularity = \max\left\{\frac{1}{m}\sum_{s,i}^{G}\left[w_{si} - \frac{q_s^{in}q_i^{out}}{m}\right]\delta_n(c_s, c_i)\right\},\quad n = 1,2,3\cdots N \tag{4-5}$$

其中，$Modularity$ 为全球碳排放转移网络的模块度，$m = \sum_{s,i}^{G} w_{si}$。对于第 n 种社团划分结果而言，c_s 代表节点 s 所在的社团，c_i 代表节点 i 所在的社团。若节点 s 和节点 i 处于同一社团，则 $\delta_n(c_s, c_i)$ 等于 1，否则 $\delta_n(c_s, c_i)$ 等于 0。可见，模块度越大，反映出社团内部节点之间的联系程度越高于不同社团之间的联系程度，即社团划分质量越好，进而反映出全球碳排放转移网络中的网络集聚程度越高。

（三）网络稳定性指标

网络集聚程度的衡量指标主要包括同配性与网络效率。其中，同配性主要衡量具有某一相同属性节点相互连接的程度，主要采用同配系数加以衡量。对此，借鉴 Newman 等（2003）的做法，引入以权重为基础的强度同配系数，具体计算方法如下：

$$Assortativity = \frac{1}{\sigma^{out}\sigma^{in}}\sum_{s,i=1}^{G} si(w_{si} - q_s^{out}q_i^{in}) \tag{4-6}$$

其中，$Assortativity$ 表示全球碳排放转移网络的同配系数，$\sigma^{out} = \sqrt{\frac{1}{G}\sum_{s=1}^{G}(q_s^{out} - \overline{q^{out}})^2}$ 为出强度的标准差，$\sigma^{in} = \sqrt{\frac{1}{G}\sum_{s=1}^{G}(q_s^{in} - \overline{q^{in}})^2}$ 为入强度的标准差。上述同配系数在 -1 和 1 之间取值。该系数越接近于 1，代表强度大的节点越可能相互连接，强度小的节点也越可能相互连接，即网络更具有同配性特征；系数越接近于 -1，代表强度大的节点越可能与强度小的节点连接，即网络更具有异配性特征。如果全球碳排放转移网络具有异配性的连接方式，那么在面对选择性的节点打击时，全球碳排放转移过程将会受到明显阻断，在一定程度上说明网络的稳定性较差。

网络效率则从网络连通性来反映出网络拓扑结构的稳定性。采用网络平均效率（Latora 和 Marchiori，2001）进行衡量，该指标的计算公式如下：

$$Efficiency = \frac{1}{G(G-1)}\sum_{s,i=1}^{G}\frac{1}{d_{si}} \tag{4-7}$$

其中，*Efficiency* 表示全球碳排放转移网络的网络平均效率，取值范围在 0 与 1 之间。*Efficiency* 取值为 0 时，表示网络中任意节点对之间都不存在边，取值为 1 则表示网络中任意节点对均有一条边。*Efficiency* 的取值越大，表明网络效率越高，反映出网络连通性越好，即表现为全球碳排放转移网络拓扑结构越为稳定。

三、全球碳排放转移网络分析方法

（一）块模型分析

块模型分析（Block Models）是一种用来揭示整体网络结构的方法（White 等，1976）。块模型分析的核心思想是将整体网络内的节点根据“结构对等性”进行分类，划分为相互关联的“板块”或“位置”，主要研究各个块之间的（而非每个行动者）之间的关系（刘军，2019）。根据块模型理论，运用 CONCOR（Convergence of Iterated Correlations）方法，可以将全球碳排放转移网络划分为四大板块，揭示各板块及其成员国家（地区）在全球碳排放转移网络中所扮演的角色。

根据板块内外部之间的碳排放转移关系的多少，可以形成四种典型的板块类型[①]（李敬等，2014）。一是主受益板块，此板块内部的碳排放转移关系比例大，而外部关系比例小，对其他板块的溢出效应较小。在极端情况下，只在内部进行碳排放转移而不对外转移，但接受来自其他板块的碳排放，在此情况下可称为净受益板块。二是净溢出板块，此板块对其他板块进行碳排放转移，而在板块内部的转移关系较少，且较少接收到来自其他板块的转移，对其他板块的碳排放产生净溢出效应。三是双向溢出板块，此板块向其他板块成员发出较多的碳排放转移关系，同时在板块内部也有较多的转移关系，但没有接收到多少外来的转移关系，此板块上对板块内部和其他板块的碳排放产生了双向溢出效应。四是经纪人板块，该板块既发送又接收外部的碳排放转移，其内部成员之间的关系比较少，在全球碳排放转移的空间溢出中发挥中介的作用。

首先利用CONCOR方法，选择最大分割深度为2，收敛标准为0.2，根据结构对等原则将全球碳排放转移网络划分为四大板块。其次，在Wasserman和Faust（1994）开发的块模型位置划分指标基础上，根据表4－1对四大板块的类型进行划分。假设来自板块B_k（$k=1,2,3,4$）中有g_k个成员，那么B_k内部可能具有的最大关系总数为$g_k(g_k-1)$，B_k中各个成员在整个网络中可能具有的最大关系总数为$g_k(G-1)$。因此，B_k中的期望内部关系比例为$g_k(g_k-1)/g_k(G-1)$，即$(g_k-1)/(G-1)$。根据这一指标，结合板块内部关系比例与板块接收到的关系比例的计算（李晖等，2021），可将全球碳排放转移网络划分为四种类型，并据此进行块模型分析。

① 每一种类型的具体含义由具体的碳排放转移关系和网络性质决定。当然，在同一个网络中，不一定同时存在4种典型类型，这主要受网络特征的影响（李敬等，2017）。

表 4－1　　全球碳排放转移网络板块位置分类

板块内部关系比例（板块对内发出关系数与总发出关系之比）	板块接收到的关系比例（板块接收板外关系数与对外发出关系数之比）	
	<1	≥1
$\geq (g_k - 1)/(G - 1)$	双向溢出板块	主受益板块/净收益板块
$< (g_k - 1)/(G - 1)$	净溢出板块	经纪人板块

（二）抗毁性分析

抗毁性（Invulnerability）一般指在网络中的节点受到破坏时网络拓扑结构的稳定性。如果在网络中部分节点受到破坏的情况下，网络的拓扑结构仍然较为稳定，则认为该网络的抗毁性较强（吴俊和谭跃进，2005）。对于网络的破坏方式，可以分为随机性攻击和选择性攻击两种。其中，随机性攻击一般指随机依次剔除网络中的节点，而选择性攻击一般根据网络中节点的重要性，依次剔除节点。网络拓扑结构的稳定性则可以采用每次剔除节点后的网络连通性加以衡量。因此，通过比较随机性攻击与选择性攻击下剔除的节点数量与网络连通性的关系，能够反映出该网络的抗毁性特征（Albert 等，2000）。

借鉴 Qi 等（2020）的做法，采用标准化后的度中心度衡量一国在增加值出口网络中的节点地位，以此为依据剔除重要节点，进行选择性攻击。度中心度的计算公式为：

$$Degree_s = \frac{1}{G-1} \times p_s^{tot} = \frac{1}{G-1}\sum_{i \neq s}^{G}(a_{si} + a_{is}) \tag{4-8}$$

其中，$Degree_s$ 表示全球碳排放转移网络中节点 s 标准化后的度中心度。一国的度中心度越高，意味着该国在全球碳排放转移网络中转出关联和转入关联的程度越高，其在网络中处于越核心的位置（许和连等，2018）。

在网络连通性方面，采用式（4－7）的网络效率进行衡量，以此反映出网络拓扑结构的稳定性。在抗毁性分析中，如果选择性攻击使碳排放转移网络效率的下降速度高于随机性攻击，则表明重要节点受到的攻击将会迅速降低整个网络的连通性，网络结构呈现出“脆弱性”而非稳定性。此外，如果保留关键节点后的选择性攻击会极大延缓网络效率的衰减速度，这说明关键节点对外关系的维持将会对整个网络的稳定性发挥重要作用。

第二节　全球碳排放转移网络的结构特征分析

一、网络结构特征指标分析

根据式（4－1）至式（4－7），结合第三章中全球碳排放转移规模测算结果，对2000—2014年全球碳排放转移网络的结构特征指标进行了测度，测算结果见表4－2。

表4－2　　2000—2014年网络结构特征指标分析

年份	网络联系程度			网络集聚程度		网络稳定性	
	网络密度	平均路径长度	互惠系数	集聚系数	模块度	同配性	网络效率
2000	0.246	1.604	0.268	0.721	0.246	−0.185	0.698
2001	0.246	1.599	0.257	0.724	0.257	−0.203	0.700
2002	0.249	1.596	0.263	0.722	0.263	−0.190	0.702
2003	0.242	1.606	0.258	0.720	0.263	−0.200	0.697
2004	0.244	1.605	0.266	0.721	0.255	−0.180	0.698
2005	0.246	1.604	0.271	0.703	0.248	−0.155	0.698
2006	0.250	1.597	0.269	0.703	0.235	−0.145	0.702
2007	0.246	1.597	0.250	0.694	0.229	−0.148	0.702

续表

年份	网络联系程度			网络集聚程度		网络稳定性	
	网络密度	平均路径长度	互惠系数	集聚系数	模块度	同配性	网络效率
2008	0.255	1.583	0.249	0.706	0.223	-0.142	0.709
2009	0.263	1.573	0.259	0.701	0.233	-0.133	0.714
2010	0.255	1.583	0.252	0.700	0.226	-0.127	0.709
2011	0.261	1.575	0.255	0.697	0.224	-0.114	0.713
2012	0.267	1.565	0.257	0.690	0.216	-0.106	0.718
2013	0.261	1.576	0.261	0.691	0.209	-0.121	0.712
2014	0.263	1.569	0.249	0.688	0.207	-0.118	0.715
2000—2014	0.253	1.591	0.266	0.715	0.238	-0.154	0.704

接下来，从网络联系程度、网络集聚程度及网络稳定性三大方面，逐一对全球碳排放转移网络的整体结构特征展开分析。

（一）网络联系程度

在网络联系程度方面，如表4-2所示，全球碳排放转移网络联系程度有所提升。具体来看，第一，全球碳排放转移网络的网络密度由2000年的0.246增至2014年的0.263，表明不同国家（地区）之间的碳排放转移相关系数有所增加，即全球碳排放转移网络结构更为紧密。第二，全球碳排放转移网络的平均路径长度由2000年的1.602降至2014年的1.569，说明全球碳排放转移网络中任何一国（地区）实现对另一国（地区）碳排放转移关系的传递所通过的平均距离有所下降，同样反映出各国（地区）之间碳排放转移联系有所增强，进而使得全球碳排放转移网络联系更为紧密。第三，全球碳排放转移网络在2000—2014年的平均互惠系数较低，仅为0.266，整体还呈现出一定的下降趋势，这说明全球碳排放转移更多是单向的，具有互惠性质的碳排放转移关系较少，而且碳排放转移关系中单向的联系仍在增加。

总体来看，2000—2014年全球碳排放转移网络联系程度更为紧密，而这与GVC分工的逐渐深化密切相关。换言之，由GVC分工引起的全球碳排放转移过程，其转移网络的联系自然会受到GVC分工深化的影响。因此，随着GVC分工网络的变化发展，全球碳排放转移网络结构也会发生动态调整。2000—2014年，GVC的空间布局在整体上呈扩展态势，GVC分工体系的高度包容性一方面可将越来越多的国家（地区）纳入国际生产分工体系中，促使更多的国家（地区）之间产生碳排放转移联系；另一方面，GVC分工体系下的原有及新增国家（地区）之间的生产合作及贸易往来变得更加密切，由此加强了相互间碳排放转移联系，进而使全球碳排放转移网络密度逐渐上升，同时平均路径长度逐渐减少。

但也需注意到，全球碳排放转移网络联系加强主要体现在单向联系程度的提升。究其原因，2000—2014年全球碳排放转移网络主要由中国、俄罗斯等少数几个核心国家（地区）所驱动。这些核心国家（地区）大多以高耗能、高污染、低附加值产业参与GVC分工，其在GVC分工和贸易活动中付出资源环境代价的不对称性特征，能够在较低的互惠系数上得到反映。随着GVC生产网络的日渐扩张，更多的边缘国家（地区）也开始逐渐融入全球碳排放转移网络中，受制于产业发展水平和参与低端分工环节等因素，新产生的碳排放转移关系更多的是从处于低端分工地位的碳排放国家向处于高端分工地位的国家转移，这些碳排放转移更多的是前者牺牲国内环境代价以满足后者日益增长的最终需求。因此，全球碳排放转移网络的互惠性呈现出逐渐降低的变化趋势。

（二）网络集聚程度

在网络集聚程度方面，表4-2中报告的集聚系数和模块度均能反映出全球碳排放转移网络的集聚程度有一定下降。一方面，全球碳排放转移网络的集聚系数从2000年的0.721降至2014年的0.688，说明全球碳排放转移网络中国家（地区）聚集成社团的程度在减弱，即网络中各个国家（地区）的碳排放转移目的地变得更加分散，碳排放转移的空间分布变得更加均匀。另一方面，2000—2014 年，全球碳排放转移网络的模块度也呈现出明显的下降趋势，由 2000 年的 0.246 降至 2014 年 0.207。全球碳排放转移网络模块度的下降，反映出该碳排放转移网络中社团划分的质量有所下降，主要表现为社团内部的联系紧密程度在下降，而不同社团之间的联系在增强。

整体而言，全球碳排放转移网络的集聚程度较高，但呈现一定的下降趋势，同时社团模块化的结构特征也在降低。全球碳排放转移网络集聚程度的下降，还是与 GVC 分工特征的变化有关。在 GVC 分工体系中，随着更多国家参与其中，非核心及不同社团的边缘国家之间分工联系有所增强，进而降低了由 GVC 分工引起的碳排放转移的网络集聚程度，尽管该网络集聚程度仍处于较高水平。

（三）网络稳定性

在网络稳定性方面，由表 4－2 可知，2000—2014 年全球碳排放转移网络的同配性指标取值为负，这表明该时期内网络中的碳排放转移联系仍主要呈现出异配性特征。全球碳排放转移网络存在的异配性特征，源于全球碳排放转移网络中存在较多转移的枢纽，网络边缘国家对于核心国家（地区）具有较高的依赖性。可以认为，以异配性为主要特征的全球碳排放转移网络较为敏感和脆弱，容易受到选择性的节点打击，即网络的稳定性较差。从同配性指标数值的变化趋势可以看出，全球碳排放转移网络的异配性程度在逐渐降低，从 2000 年的 －0.185 升至 2014 年的 －0.118。这意味着全球碳排放转移网络中，碳排放转移大国与小国之间的联系相对减弱，部分核心国家的辐射能力和碳排放转出压力可能有所下降，从而使得全球碳排放转移网络的稳定性有所增强。进一步地，从网络效率指标来看，2000—2014 年网络效率值呈现出逐渐上升的趋势，由 2000 年的 0.698 增至 2014 年的 0.715，不仅表明碳排放转移网络拓扑结构的全局碳排放转移能力在逐渐提升，也反映出碳排放转移网络结构逐渐趋于稳定。

综合上述两方面指标的分析，可以发现全球碳排放转移的网络稳定性虽不高，但整体水平有所提升。究其原因，即使全球碳排放转移网络具有全球性的跨境分布特征，但目前 GVC 分工网络以美国、德国、中国三国为主要核心，这就在一定程度上决定了全球碳排放转移网络具有较为明显的异配性特征。然而，随着全球分工和贸易格局的不断演变，金砖国家等新兴经济体逐渐崛起，冲击了传统发达国家在 GVC 分工网络中的核心地位，GVC 分工下的碳排放转移空间关联网络也随之呈现出多极化发展趋势，从而使得部分核心节点的枢纽地位降低，全球碳排放转移网络的稳定性逐步得到提升。

二、整体行业块模型分析

基于块模型方法对 2000—2014 年整体的全球碳排放转移网络进行板块识别，结果如表 4-3 所示。根据计算，全球碳排放转移网络共包含 467 个空间关联关系，其中 4 个板块内部关系数为 137 个，板块与板块之间关系数为 330 个，板块间关系数远高于板块内部关系数，说明板块之间的溢出效应十分明显。以下对四个板块逐一展开分析。

首先，第一板块包括澳大利亚、巴西、加拿大等 9 个国家（地区），该板块接收关系数共计 95 个，大于发出关系数 93 个，实际内部关系比例为 55.91%，高于期望内部关系比例 19.05%，故为主受益板块。不难发现，第一板块的国家（地区）主要位于亚太地区，不仅包括日本、韩国等代表性东亚国家，也包括加拿大、墨西哥等 NAFTA 成员国，相互间的分工联系均非常紧密。正是在亚太地区分工联系的背景下，第一板块内的国家（地区）可实现相当规模的碳排放转移。而且，受益于区域分工联系的逐渐加强，该板块成员国（地区）之间可建立起更强的碳排放转移联系。需要注意的是，除板块内国家（地区）间存在较多的碳排放转移关系外，该板块成员国（地区）也积极参与到以美国、中国、德国等国家为主导的 GVC 分工体系中，与第二板块国家存在较多的碳排放转入与转出关系，但仍以转入关系为主导，因此第一板块整体上表现为主受益特征。

其次，第二板块包括中国、德国、英国、俄罗斯、美国这 5 个国家，该板块实际与期望内部关系比例分别为 10.00% 和 9.52%。该板块的主要特征是整体既接收其他板块溢出关系，又向其他板块发出关系，因此可视为双向溢出板块。值得注意的是，第二板块涵盖了 GVC 分工网络及全球碳排放转移网络的核心国家，包括作为“世界工厂”的中国和“世界加油站”的俄罗斯（欧阳峣等，2012）。中俄两国均积极地凭借自身要素禀赋优势参与到 GVC 分工，包括中国凭借相对丰富的劳动力要素实现出口贸易的持续增长，俄罗斯利用丰裕的自然资源向其他国家大量输出石油、天然气等能源资源。然而，中俄两国所从事的分工环节主要还是低附加值的高碳密集型产业，相比之下，美国、德国、英国等发达国家所涉及的分工环节主要是低碳密集型产业。上述发达国家能够更为深入地嵌入在 GVC 分工网络当中，所涉及的分工环节更为多样化。因此，上述两类国家在参与 GVC 分工的过程中，不可避免地会与其他板块之间产生较多的碳排放转移联系。此外，美国、德国、英国等传统 G7 国家，同样需要从中国和俄罗斯等发展中国家转入大量的碳排放，其中俄罗斯主要依靠能源资源的输出，中国则通过持续的出口增长实现碳排放转移。因此，第一板块内部也会产生大量的碳排放转移。

表 4-3 2000—2014 年全球碳排放转移网络空间关联板块溢出效应

	板块 1	板块 2	板块 3	板块 4
成员	澳大利亚、巴西、加拿大、印度尼西亚、印度、日本、韩国、墨西哥、中国台湾	中国、德国、英国、俄罗斯、美国	奥地利、保加利亚、瑞士、塞浦路斯、捷克、丹麦、爱沙尼亚、芬兰、希腊、克罗地亚、匈牙利、爱尔兰、立陶宛、卢森堡、拉脱维亚、马耳他、挪威、葡萄牙、罗马尼亚、斯洛伐克、斯洛文尼亚、瑞典	比利时、西班牙、法国、意大利、荷兰、波兰、土耳其
板块内发出关系数	52	20	39	26
板块外发出关系数	41	180	6	103
板块内接收关系数	52	20	39	26
板块外接收关系数	43	41	196	50
期望内部关系比例	19.05%	9.52%	50.00%	14.29%
实际内部关系比例	55.91%	10.00%	86.67%	20.16%
板块类型	主受益	双向溢出	主受益	双向溢出

再次，第三板块包括奥地利、保加利亚、瑞士等 22 个国家（地区），板块内部实际关系比例为 86.67%，高于期望比例的 50%。从板块外发出和接收关系数来看，该板块的溢出效应有限，但其接收来自板块外的关系最多，为 196 个，远高于发出关系数，故认为第三板块属于主受益板块。第三板块包括的国家（地区）数量较多，而且多为欧盟内部经济体量较小的国家，大多位于全球碳排放转移网络的边缘位置。由于欧盟内部存在德国等处于绝对核心分工地位的国家，这些边缘国家（地区）之间的分工联系反而较少，需要借助 GVC 分工体系从全球碳排放转移大国（如第二板块的中国）和欧盟内部主要碳排放转移国家（如第四板块的法

国）转入大量碳排放。因此，该板块内部的碳排放溢出效应十分有限，而板块外接收关系数较多。

最后，第四板块包括法国、意大利、荷兰等7个国家，该板块实际内部关系比例为20.16%，高于期望值内部关系比例的14.29%，板块内外部均产生了显著的溢出效应，因而属于双向溢出板块。与第三板块相比，第四板块的国家也主要来源于欧盟内部，但不同的是这些国家的经济体量相对较大，如作为G7国家的法国、意大利。第四板块中的成员国，在欧盟内部区域经济高度一体化的作用下，相互之间具有较为密切的经贸往来和分工联系，使得该板块内部具有较高的碳排放溢出效应。另外，该板块也能高度融入美国、中国等（第二板块成员国）主导的GVC分工体系当中，能够与之产生较多的碳排放转移联系；同时，在欧盟内部分工联系的前提下，第四板块成员国还会与第三板块国家产生较为紧密的碳排放转移联系。

为进一步考察板块之间的碳排放转移关系，本书还计算了各碳排放转移板块的密度矩阵和像矩阵①，结果见表4－4。可以看出，第二板块是全球碳排放转移网络中溢出程度最高的板块，可认为是全球碳排放转移网络的发动机板块，其内部密度达到1，与第一板块、第三板块、第四板块之间的密度分别高达0.911、0.945和1，反映出该板块既在板块内部具有十分活跃的碳排放转移联系，同时对其余三大板块也均具有十分显著的溢出效应。除第二板块外，第四板块是网络中溢出程度相对较高的板块，其对第三板块、第二板块均具有显著的溢出效应，密度分别为0.545、0.486。对第一板块而言，其对第二板块存在显著的溢出效应，对第三板块和第四板块的溢出效应并不明显。相比之下，第三板块的溢出效应并不明显，内部密度仅为0。

---

① 在像矩阵中，若板块密度矩阵大于整体网络密度时，该板块对应位置取值为1，否则为0。

表4-4 全球碳排放转移网络空间关联板块密度矩阵和像矩阵

板块	密度矩阵				像矩阵			
	板块1	板块2	板块3	板块4	板块1	板块2	板块3	板块4
板块1	0.722	0.467	0.04	0.19	1	1	0	0
板块2	0.911	1	0.945	1	1	1	1	1
板块3	0	0.027	0.084	0.019	0	0	0	0
板块4	0.032	0.486	0.545	0.619	0	1	1	1

像矩阵能更清晰地显示出各大板块之间的溢出效应。从表4-4的像矩阵来看，第一板块、第二板块及第四板块的对角线位置为1，说明这三个板块的自反程度较高，其板块内部的碳排放转移具有显著的关联性，即内部聚类特征较为明显。为了更为清晰地看出全球碳排放转移的传递机制，将四大碳排放转移板块的相互关系进行可视化处理。如图4-1所示，全球碳排放转移的发动机的确是第二板块，其将碳排放转移的动能传递给网络中的所有板块，同时第四板块又将碳排放转移的动能传递给第三板块。

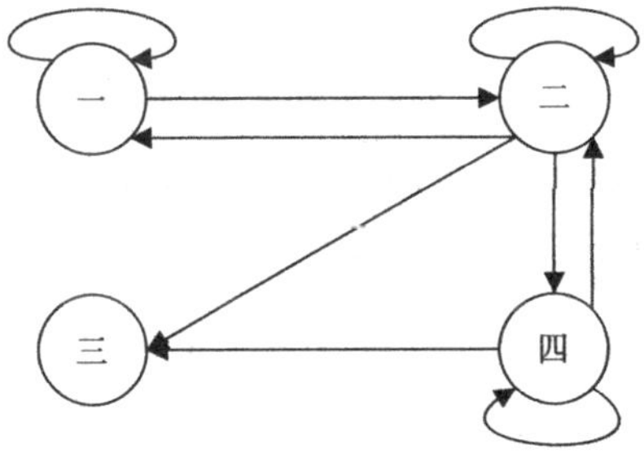

图4-1 全球四大碳排放转移板块相互关系

第三节　不同行业全球碳排放转移 Top1 网络分析

一、整体行业 Top1 网络分析

至此，本章前两节主要围绕整体行业的全球碳排放转移网络分析，相关内容还未涉及分行业结构特征。为此，本节将基于 SNA 中的 Top1 网络①分析方法，对整体及分行业全球碳排放转移网络的结构特征进行更为深入的分析。在第三章计算得到不同分行业全球碳排放转移规模基础上，本书构建了 2000—2014 年不同行业的全球碳排放转移 Top1 网络，具体如图 4－2 所示。不难发现，不同分行业全球碳排放转移网络的结构特征还是存在着一定的差异，主要体现在社团划分结构等方面。

就整体行业而言，全球碳排放转移的 Top1 网络主要划分为两大社团，分别以中国和俄罗斯为核心，且这两大核心都与相邻国家有着很强的直接联系。其中，俄罗斯是欧洲地区最主要的核心，绝大多数欧洲国家碳排放转入的主要来源均为俄罗斯；中国则是亚太地区大多数国家（地区）最大的碳排放转入来源地，连接着大洋洲的澳大利亚，美洲的美国、巴西，亚洲的日本、韩国、印度、印度尼西亚、中国台湾，以及英国、挪威、西班牙和葡萄牙等少数欧洲国家。中国和俄罗斯互为最大的碳排放转出关联国，这两大社团通过中俄贸易与分工联系得以直接连接起来。此外，美国和德国也是全球碳排放转移网络中重要的区域核心。

① Top1 网络是仅保留各个节点在网络中最为密切网络关系后所构建的关系等级网络，其主要反映出该网络中最主要的信息（Zhou 等，2014）。Top1 网络的优点在于既能完全包括网络中的所有国家，避免只保留大国受到“规模偏误”，又能保留网络中最重要的网络关系。

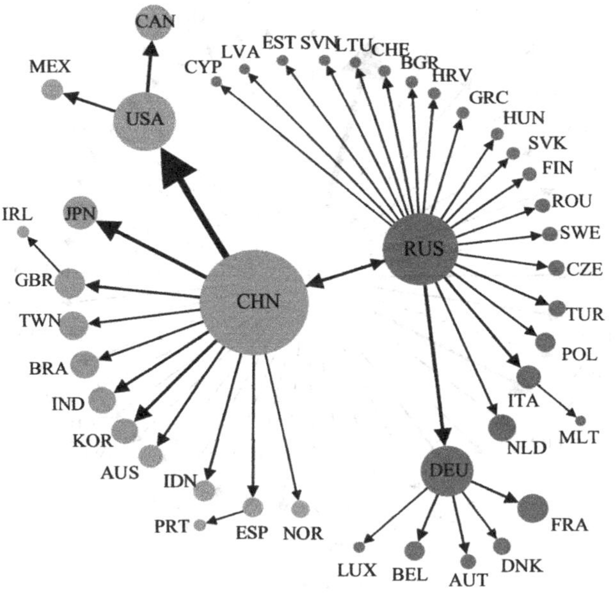
CAN
MEX
USA
CYP
LVA
EST
SVN
LTU
CHE
BGR
HRV
GRC
HUN
SVK
FIN
ROU
SWE
CZE
TUR
POL
ITA
MLT
NLD
IRL
JPN
GBR
TWN
BRA
IND
KOR
AUS
IDN
PRT
ESP
NOR
CHN
RUS
DEU
FRA
LUX
BEL
AUT
DNK

（a）整体行业

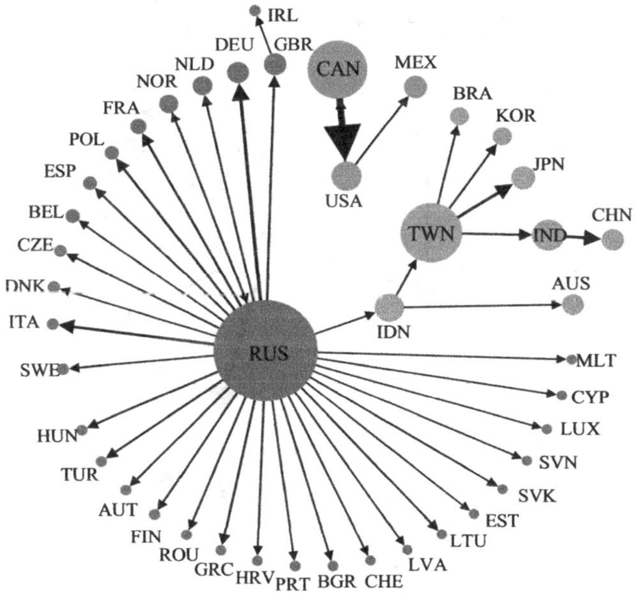
IRL
DEU
GBR
NLD
NOR
FRA
POL
ESP
BEL
CZE
DNK
ITA
SWE
HUN
TUR
AUT
FIN
ROU
GRC
HRV
PRT
BGR
CHE
LVA
LTU
EST
SVK
SVN
LUX
CYP
MLT
CAN
MEX
USA
BRA
KOR
JPN
TWN
IND
CHN
AUS
IDN
RUS

（b）初级行业

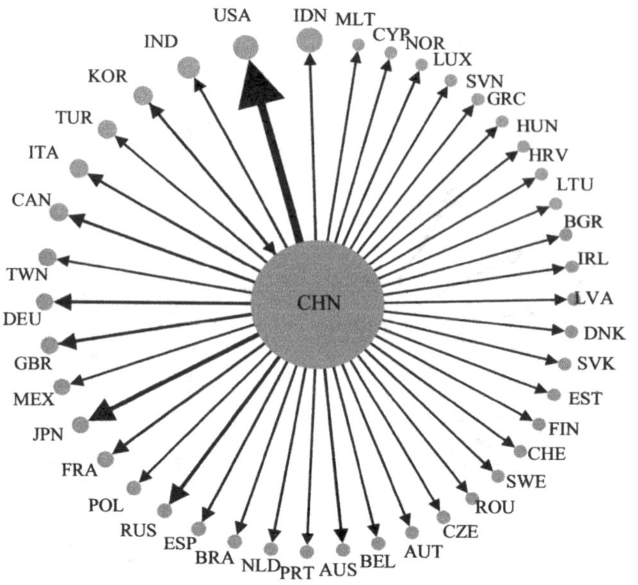

（c）劳动密集型制造业

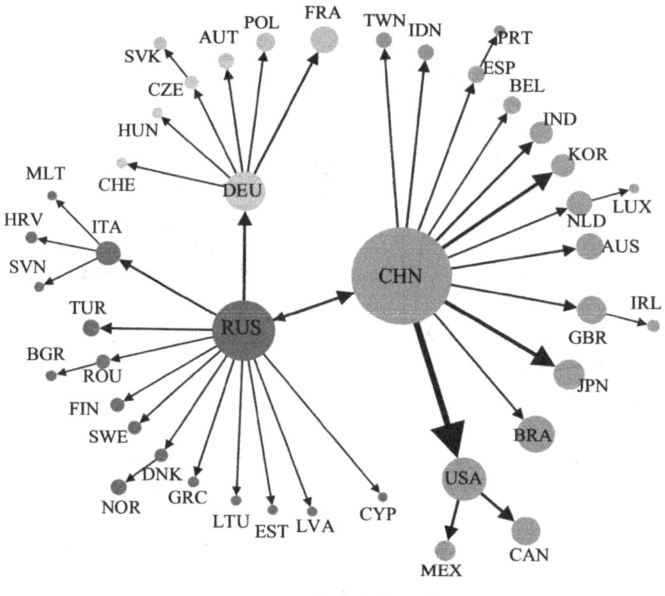

（d）资本密集型制造业

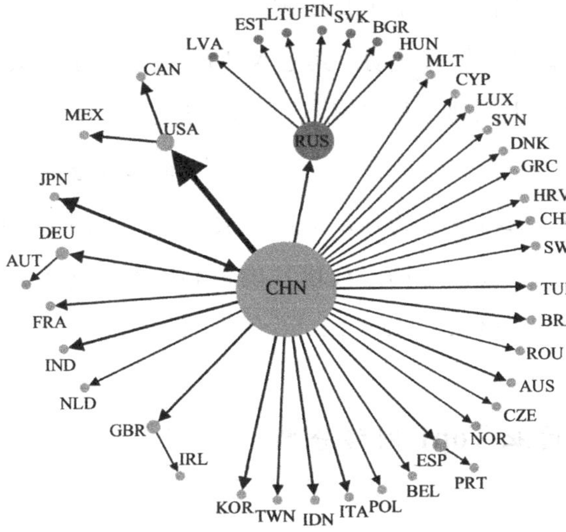

（e）知识密集型制造业

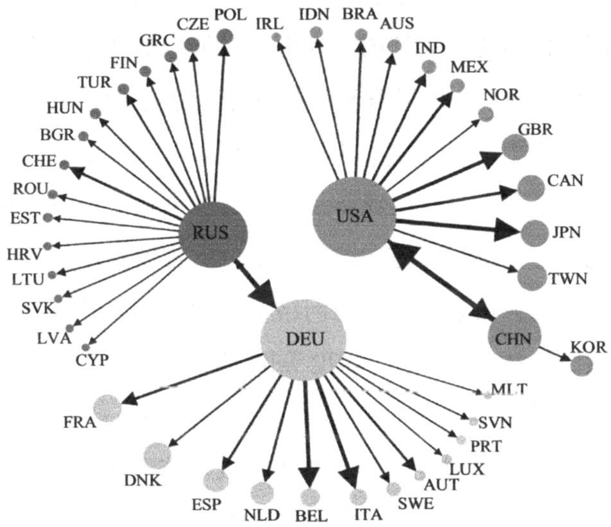

（f）服务业

注：1. 每个节点代表一个国家（地区），节点的大小与该年份国家（地区）总体的碳排放转移规模成正比，不同颜色代表网络中不同社团的划分情况；2. 边的粗细与该年份国家（地区）之间的碳排放转移规模成正比；3. 国家缩写来自 WIOD。

图 4-2 2000—2014 年不同行业全球碳排放转移 Top1 网络

可以看到，美国不仅接收了来自中国大规模的碳排放转入，同时还主导了北美地区的碳排放转移活动，其是 NAFTA 成员国加拿大和墨西哥最主要的碳排放转入来源地。与美国不同，德国主要处于欧洲地区的小型区域核心，法国、丹麦、奥地利等少数欧洲国家都以德国为其碳排放转入的主要来源地。值得注意的是，中国、俄罗斯、美国、德国正是全球碳排放转移的发动机板块（第二板块）的核心国家，确实影响了全球碳排放转移网络的分布格局。

二、分行业 Top1 网络分析

进一步关注五大分行业全球碳排放转移网络的结构特征。

第一，初级产业碳排放转移的 Top1 网络可以被划分为以俄罗斯、中国台湾、美国为核心的三大社团。其中，以俄罗斯和中国台湾为核心的两大社团通过俄罗斯—印度尼西亚—中国台湾的链式网络间接连接起来，而美国所在的社团则较为孤立。从社团规模来看，以俄罗斯为核心的社团碳排放转移关系数最多，俄罗斯是大多数国家初级产业碳排放转入最主要的来源地，可见该社团是初级行业全球碳排放转移网络中的第一大社团。以中国台湾为核心的社团为网络第二大社团，其成员国主要位于亚太地区，巴西、日本、韩国、印度等国都以中国台湾地区为其初级产业碳排放转入最主要的来源地，同时还通过印度、印度尼西亚与中国（大陆）、澳大利亚分别建立起间接的碳排放转移联系。以美国为核心的社团规模最小，该社团内部国家均属于 NAFTA 成员国。其中，加拿大是美国最大的碳排放转入来源地，其在初级产业上向美国转移了大规模碳排放；同时，美国又是墨西哥最大的碳排放转入来源地。上述关系再次说明，区域内产业分工和贸易合作的紧密程度对国家之间的碳排放转移关系具有不可忽视的影响。

第二，三大制造业全球碳排放转移网络的结构特征存在明显差异。其一，对于劳动密集型制造业而言，该行业全球碳排放转移的 Top1 网络仅存在中国一个核心。不难想象，中国作为“世界工厂”，在劳动密集型制造业上的贸易发展在全球范围内占据重要地位。正因为所处的特殊贸易地位，中国在劳动密集型制造业上的主要碳排放转移对象遍布全球。中国在该网络中的辐射作用极强，不仅是美国、英国、德国等传统发达国家碳排放转入的主要来源地，同时也是印度、印度尼西亚、巴西等发展中国家碳排放转入的主要来源地。其二，与劳动密集型制造业不同，资本密集型制造业全球碳排放转移的 Top1 网络呈现出多极化现象。该网络的核心国家有三个，分别为中国、俄罗斯和德国，其中中国主要向亚太地区的国家（地区）进行碳排放转移，而俄罗斯和德国则多向欧洲国家进行碳排放转移。此外，俄罗斯还是中国和德国两大核心国家最大的碳排放转移来源地，亚太地区和欧洲地区通过中俄两国建立起紧密的碳排放转移联系。其三，在知识密集型制造业全球碳排放转移的 Top1 网络图中，存在中国和俄罗斯两大核心，但以中国为核心的社团规模更大。通过比较可以发现，较多在资本密集型制造业 Top1 网络中以俄罗斯和德国为碳排放转入主要来源地的国家（地区），在知识密集型制造业 Top1 网络中均表现为以中国为第一碳转入来源地。同时，中国还是俄罗斯首要的碳排放转入来源地，可见中国在该网络中的辐射作用更强。另外，可以注意到，无论是劳动密集型制造业、资本密集型制造业还是知识密集型制造业，中国均始终保持在网络中的核心位置，这与中国具有全球范围内最为健全的工业体系不无关系①。

① 根据中华人民共和国工业和信息化部于 2021 年 9 月 13 日发布的数据，中国工业拥有 41 个大类、207 个中类、666 个小类，是世界上工业体系最健全的国家；而且，在 500 种主要工业产品中，中国有 40% 以上产品的产量世界第一。因此，这也可以解释为何中国会在三大制造业全球碳排放转移 Top1 网络中均为其中一个社团的核心国家，其核心地位在劳动密集型制造业中显得尤为明显。

第三，服务业全球碳排放转移的 Top1 网络可划分为三个主要社团，其核心国家分别为美国、德国、俄罗斯。相比于初级产业和制造业，服务业全球碳排放转移 Top1 网络的社团规模分布更为均衡。具体来看，美国占据了亚太地区的核心地位，其主要与中国、日本、墨西哥、加拿大等国家（地区）之间存在主要的碳排放转移联系，同时还连接着英国、爱尔兰等少数欧洲国家。美国与中国互为最大的碳排放转出关联国，美国还通过中国与韩国产生重要的碳排放转移联系。俄罗斯与德国为欧洲地区的两大核心国，前者主要同波兰、捷克、希腊等经济体量较小的欧洲国家之间建立碳排放转移联系，后者则主要与法国、意大利、西班牙等经济体量较大的欧洲国家之间建立碳排放转移联系。此外，以俄罗斯和德国为核心的这两大社团通过两国间的贸易与分工联系，建立起了紧密的碳排放转移联系。值得关注的是，与整体行业、初级产业以及服务业全球碳排放转移的 Top1 网络不同，在服务业 Top1 网络中的核心国并不包括中国，而这与中国在全球服务贸易中并非处于核心地位有关。

第四节　全球碳排放转移网络的抗毁性分析

从上文分析可知，全球碳排放转移网络具有一定的异配性特征，这意味着网络中其他国家（地区）对于核心国家（地区）具有较强的依赖性。在此情形下，一旦核心国家（地区）出现分工链条的断裂或者贸易合作关系的终止，其他国家（地区）的碳排放转移不可避免地将会受到影响，从而破坏整个碳排放转移网络的连通性和稳定性。因此，进一步对 2000—2014 年整体行业及分行业的碳排放转移网络的抗毁性问题进行分析，以检验在不同攻击下各网络拓扑结构的可靠性。一般而言，抗毁性分析中对网络进行的随机性攻击和选择性攻击，可分别检验网络的容错能力和抗攻击能力。为进行随机性攻击和选择性攻击，先根据式（4-8）对各国（地区）在网络中的度数中心度进行测算，然后按照该指标的排名次序及随机次序依次剔除网络中的节点，再观察剔除节点数量与网络平均效率之间的关系。另外，还在保留核心国家（地区）的前提下进行选择性攻击，具体结果见图4-3。

从图4-3（a）可以发现，整体行业全球碳排放转移网络平均效率在不同攻击策略下呈现出截然不同的变化趋势。在进行选择性攻击时，全球碳排放转移网络的平均效率呈快速下降趋势，在第13个节点剔除之后，网络平均效率出现了局部骤降。在攻击接近70%的节点后，整体行业全球碳排放转移网络基本丧失网络连通性，不再具有明显的网络拓扑结构。在面对随机性攻击时，全球碳排放转移网络的平均效率波动较小，整体保持在0.70左右。通过对比可知，相较于随机性攻击，选择性的攻击会更为迅速地降低整个网络的连通性，表明全球碳排放转移网络在面对选择性攻击时表现出明显的“脆弱性”，即该网络抗攻击能力较弱。上述分析表明，在核心国家（地区）主动或被动地脱离网络时，全球碳排放转移网络的连通性势必会受到较大的冲击，从而对全球碳排放转移产生极为不利的影响。此外，当保留中国和俄罗斯等核心国家时，选择性攻击对全球碳排放转移网络连通性的影响大幅度减弱，反映出当核心国家能够始终维持着稳定的分工联系和贸易合作关系时，攻击其他节点对网络结构所造成的破坏作用将得以缓解，核心国家的保留有助于稳定整体行业的全球碳排放转移网络。

在分行业层面，五大分行业的全球碳排放转移网络平均效率的变化情况与整体行业较为相似，即选择性攻击使得网络平均效率的下降速度明显高于随机性攻击，而保留核心国家（地区）的选择性攻击结果则介于两者之间。根据图4-3（b）-（f）可知，相比于制造业，初级产业和服务业的抗毁性能力相对较高。具体而言，在受到基于度数中心度的

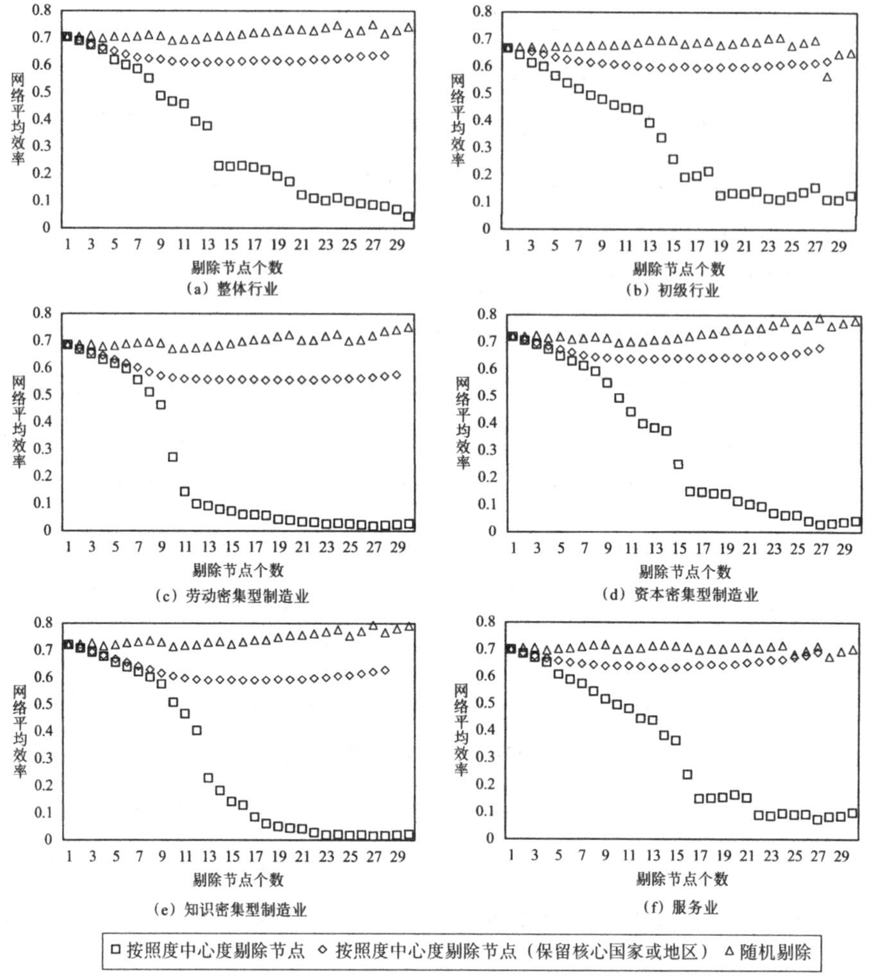

注："核心国家"是指对应行业 Top1 网络中各社团的核心国家①。

图 4－3　整体及细分行业全球碳排放转移网络的抗毁性分析

选择性攻击时，初级产业全球碳排放转移网络的平均效率受到较大影响并迅速下降，在剔除节点数超过 19 个后，其网络平均效率基本维持在

---

① 不同行业全球碳排放转移的 Top1 网络核心国家（地区）可详见图 4－2。

0.1 左右；与之类似，服务业全球碳排放转移网络的平均效率在受到选择性攻击时也会呈现出阶段性下降的趋势，当剔除约一半节点（22 个）时，其网络平均效率降至 0.1 左右。

与上述两大行业相比，三大制造业全球碳排放转移网络在受到选择性攻击时网络平均效率的下降速度更快、下降幅度更大。其中，劳动、知识密集型制造业全球碳排放转移网络在剔除节点数分别超过 9 个和 12 个时，这两类制造业碳排放转移网络的平均效率几乎呈现“断崖式”降落，并开始迅速趋于 0；资本密集型制造业的网络平均效率受到冲击出现下降的速度稍慢，但在第 14 个和第 15 个节点受到攻击后，其网络平均效率也出现急速下降，最终也趋于 0。不难发现，在五大分行业中，劳动密集型制造业全体碳排放转移网络的抗毁性能力最弱，这与该网络仅中国这一个核心国家有关，中国在稳定劳动密集型制造业全球碳排放转移网络中起到了至关重要的作用。可见，在选择性攻击下，知识、资本密集型制造业碳排放转移网络的抗毁性总体上稍优于劳动密集型制造业。造成这种现象的原因，主要是劳动密集型制造业的碳排放转移关系更为集中，劳动密集型制造业的 Top1 网络仅存在中国一个核心国家，这意味着中国对于劳动密集型制造业在全球范围内的碳排放转移具有极大的影响，在其受到破坏后会使网络中其他国家（地区）的碳排放转移活动受到严重打击。

还可以注意到，与整体行业相似，保留核心国家（地区）在分行业全球碳排放转移网络中能够在较大程度上降低选择性攻击对网络连通性的影响，即可提高网络的抗毁性。另外，随机性攻击对五大分行业全球碳排放转移网络平均效率的影响较小，随着剔除节点数的增加，各行业的网络结构仍保持稳定，表明各行业碳排放转移网络在遭受随机性攻击时具有较高的容错能力。

第五节 本章小结

在第三章测算得到GVC分工的碳排放转移效应基础上，本章进一步构建了2000—2014年不同行业的全球碳排放转移网络，结合网络联系、网络集聚程度、网络稳定性三方面特征指标，利用块模型分析来考察全球碳排放转移网络的结构特征。进一步地利用Top1网络分析揭示出不同分行业全球碳排放转移网络的特征和对各行业碳排放转移网络进行的抗毁性分析。本章主要得到如下结论：

首先，2000—2014年整体行业全球碳排放转移网络主要呈现出三方面变化特征。第一，在网络联系程度方面，由于GVC分工的逐渐深化，全球碳排放转移网络联系程度更为紧密，但网络联系加强主要体现在单向联系程度的提升。第二，在网络集聚程度方面，全球碳排放转移网络的集聚程度较高但有所下降，且社团模块化的结构特征也在降低，这与更多非核心及不同社团的边缘国家分工联系加强有关。第三，在网络稳定性方面，由于全球碳排放转移网络主要呈现异配性特征，该网络的稳定性相对较差，但随着分工格局的不断演变，网络的异配性特征不断下降，从而导致网络的稳定性不断增强。

其次，全球碳排放转移网络主要可分为四大板块。中国等5个国家组成的第二板块为全球碳排放转移网络的主要发动机板块；与第二板块相似，比利时等7个国家组成的第四板块也为双向溢出板块；分别以亚太国家、欧洲国家为主要组成国家的第一板块、第三板块，均为主受益板块，其中第一板块的自反程度较高。

再次，分行业全球碳排放转移网络的社团结构特征存在一定的异质性。初级产业Top1网络可以划分为以俄罗斯、中国台湾、美国为核心的三大社团。其中，以俄罗斯为核心的社团为第一大社团，而以美国为核心的社团最小，该社团内部国家均为 NAFTA 成员国。中国在劳动、资本以及知识密集型制造业 Top1 网络中均处于核心位置，其核心地位在劳动密集型制造业 Top1 网络中尤为明显。服务业 Top1 网络则可划分为以美国、德国、俄罗斯为核心的三大社团，其中以美国为核心的社团内部主要位于亚太地区，俄罗斯与德国则为欧洲地区两大社团的核心国。

最后，整体及分行业在受到随机性网络攻击时能够表现出较好的容错性，但在进行选择性攻击时表现出明显的“脆弱性”。在分行业差异中，初级产业和服务业的抗毁性能力相对较强，三大制造业中劳动密集型制造业的抗毁性能力相对最弱。上述行业差异与不同行业全球碳排放转移网络的社团结构特征有关。

第五章　全球碳排放转移网络的影响因素：理论与实证分析

第一节　影响碳排放转移关系的理论分析

一、GVC分工联系

在GVC分工过程中，各国可基于自身要素禀赋优势从事某个或某些特定的生产环节，以此和其他国家产生分工和贸易联系。随着各国参与GVC分工程度的逐渐提升，全球生产网络得以不断地发展和完善，这使得国家间的分工联系进一步加强。然而，GVC的不断延伸和扩张在为各国带来越来越多的贸易利益的同时，也引发了越来越复杂的全球碳排放转移（赵玉焕等，2021）。事实上，在GVC分工体系下，碳排放转移是伴随着增加值的流动而进行的。这意味着国家间的碳排放转移活动与增加值贸易密不可分，GVC分工联系对碳排放转移具有不可忽视的影响。众所周知，GVC分工体系下国家间出现了“贯序生产”方式（余心玎等，2016）。不同于传统国际分工模式，在GVC中产业链下游的国家只能通过进口上游国家的中间品来进行下一步的生产和产品整合，这一过程不仅推动了国际贸易（尤其是中间品贸易）的迅速增长（江小涓和孟丽君，2021），同时也加剧了碳排放在分工国家间的跨境转移。由前文的碳排放转移计算公式可知，碳排放转移数据是基于增加值流动数据所测算的，所以碳排放转移与增加值流动呈正向关系，而后者会受到国家间GVC分工联系的正向影响。可以认为，国家间的GVC分工联系越紧密，相互间的碳排放转移规模也会越大，进而可提高国家间建立碳排放转移关系的可能性。

此外，在区域经济一体化下，区域内各国在各种贸易自由化等政策推动下能够实现较高水平的分工联系，相互间的碳排放转移也会随之提升。例如，在欧盟内部，自由贸易、要素自由流动等条件促使成员国内部具有较强的分工联系，此时伴随着增加值流动的是碳排放在成员国间的大规模转移，即欧盟内部国家间建立碳排放转移关系的可能性会相对较高。

二、GVC分工地位

国际生产分割趋势的增强，不仅使得国家间贸易和生产联系发生了根本性变化，而且也极大地改变了各国在国际分工中的角色。由于不同的生产环节需要不同的资本—劳动比率，而不同的国家具有不同的要素禀赋优势，故各国在全球生产网络中常常扮演着不同的分工角色，其在GVC中所处的分工位置也不尽相同。总体而言，美国、日本等发达国家具有先发优势，在GVC中长期处于主导地位，占据微笑曲线前端的研发、设计以及后端的品牌营销、售后服务等具有较高附加值的环节。相较而言，中国、印度等发展中国家具有丰富且廉价的劳动力等资源，通常资本—劳动比率较低，往往“被俘获”在低端的加工、组装等附加值较低的环节，在某些行业甚至形成了“低端锁定”的困局（王岚，2014）。在GVC分工体系下，各国在国际分工中所从事的生产环节的类型很大程度上取决于该国GVC分工地位的高低。对于GVC分工地位较低的国家来说，高污染、高耗能、高碳密集型产业是其嵌入 GVC 主要涉及的行业，导致发展中国家更多地参与高碳环节分工。这不仅使得发展中国家碳排放量处于较高水平，而且使这些国家的出口产品中隐含了更多的碳排放。与之不同，GVC 分工地位较高的国家受益于 GVC 分工地位较低国家的高碳密集型生产（徐博等，2020），所参与的生产环节多具有相对低碳和清洁的特征，导致其国内碳排放量处于较低水平，出口产品中所隐含的碳排放规模也相对较小。对 GVC 分工地位相对较高的国家而言，国内消费结构并没有随着生产结构的转型而发生改变（陆旸，2012）。为满足国内的生产消费需求，发达国家会依托于 GVC 分工体系，增加来自低分工地位国家高碳密集型产品的进口，此时付出较高环境代价的发展中国家成为发达国家“污染避难所”（陆旸，2009；潘安和郝瑞雪，2020）。

进一步来看，对于同样处于 GVC 高端的国家而言，由于产业结构均呈现出向清洁部门转型的特征，无法通过相互间的贸易活动满足国内对高碳排放产品的需求，故难以形成如上述高、低分工地位国家间的碳排放转移。与此同时，低分工地位国家主要从事低附加值、高碳排放的生产环节，相互间的产业结构差异较小，尤其体现在高碳密集型产业的结构特征上，同样难以形成高、低分工地位国家间的碳排放转移。综上，可以认为全球碳排放转移主要是从高碳环节的国家流向低碳环节的国家，即主要从低 GVC 分工地位国家向高 GVC 分工地位国家转移。换言之，GVC 分工地位的差异越大，国家间越可能建立碳排放转移关系。

三、其他影响碳排放转移关系的因素

（一）碳排放转出国的相关影响因素

1. 出口规模

近年来，随着国际贸易的持续高速增长，全球碳排放水平也呈现出逐年攀升的趋势。在其他条件不变的情况下，一国出口规模的扩大，可直接导致该国出口产品中隐含碳排放水平的提高。因此，出口规模越大，一国发送碳排放转移的可能性越高。

2. 出口结构

对于不同的国家来说，出口结构在一定程度上取决于其国内生产产品的类型。如果一国在国际分工中主要从事的是清洁型产品的生产，那么该国单位出口中将会隐含较低的碳排放，出口结构将呈现出低碳特征；反之，如果一国在国际分工中主要从事的是高碳密集型产品的生产，那么该国单位出口中将会隐含较高的碳排放，出口结构将呈现出高碳特征。一般而言，高碳密集型的出口结构将更容易转出碳排放，从而使得一国更倾向于发送碳排放转移。

3. 技术进步

技术进步是实现节能减排的关键路径（申萌等，2012；马志云和刘云，2017）。一方面，技术进步可提高能源利用效率，使得单位产出投入的能源总量变少，从而从源头上降低生产过程中的碳排放水平。另一方面，技术进步可促进低碳技术和清洁生产技术在国内甚至全球范围内的广泛应用，促进单位产出的碳排放水平下降。通过以上两方面的减排作用，技术进步能够在很大程度上降低出口中隐含碳排放水平，进而降低一国发送碳排放转移的可能性。

4. 环境规制

在环境规制水平较强的国家，政府对产品生产过程中的碳排放水平具有较高的管制要求。环境规制的“倒逼效应”认为，环境规制强度的提高增加了企业的生产成本，从而倒逼企业调整生产和管理模式以及进行技术创新（张先锋等，2014）。当“倒逼效应”起作用时，环境规制将有利于产业结构向着更加清洁的方向发展，产品生产过程中的碳排放水平将得到有效降低，同时也会极大地抑制高碳密集型行业的出口，从而可阻碍一国发送碳排放转移。

综上，对碳排放转出国而言，出口规模和高碳密集型的出口结构对一国发送碳排放转移具有正向的促进作用，而技术进步和环境规制则具有负向的抑制作用。

（二）碳排放转入国的相关影响因素

1. 对外直接投资

在参与GVC分工的过程中，部分发展中国家为了吸引外商直接投资，可能会竞相降低本国的外资准入门槛和环境规制标准，即产生“逐底竞争”效应，使得发达国家将高污染、高碳排放企业通过对外直接投资外迁至发展中国家，并将发展中国家视为“污染避难所”（路正南和罗雨森，2021）。作为母国的发达国家，可通过大量的进口贸易将境外生产的高碳密集型产品再投入到本国生产和消费市场中。同时，为提升高碳密集型产业的国际竞争力，东道国还可能通过“生态倾销”、“宽松竞争”等措施来降低生产成本（许源等，2014），进一步使得更多的高碳密集型产品流向母国。在上述生产和贸易过程中，对外直接投资将促进碳排放从境外向本国进行转移，从而提高一国接收碳排放转移的可能性。

2. 人口规模

进口国人口规模是影响碳排放转移的重要因素之一，在很大程度上影响着一国最终需求的规模（陈向阳，2021），并通过生产和消费等因素间接作用于碳排放。一方面，人口规模的增长将导致国内需求扩张，而持续增加的需求将促进企业扩大生产规模，从而在本国产生更多的能源消耗，并直接提高本国的碳排放水平。另一方面，人口规模的增长也会增加高碳密集型产品的进口需求。一是最终品的进口可直接对这部分扩张的需求进行补充，二是中间品的进口可用于支撑国内企业进行扩大生产。结合上述两方面的影响可知，人口规模越大的国家，将更倾向于接收碳排放转移。

3. 环境规制

从碳排放转入国视角来看，环境规制主要通过绿色贸易壁垒等方式影响碳排放转移。具有较为严格环境规制的国家，将限制国内高碳密集型产业的发展并减少本国对环境密集型产业的承接，同时对进口产品的环境要求也会较高，避免“污染避难所”的出现（张华和魏晓平，2014）。通过征收高额碳关税等环境规制举措，一国可有效地限制高碳密集产品的进口，从而降低碳排放转入水平，阻碍其接收碳排放转移。

综上，对碳排放转入国而言，对外直接投资和人口规模对一国接收碳排放转移具有正向的促进作用，而环境规制则具有负向的抑制作用。

（三）其他影响因素

1. 地理距离

从现有研究来看，碳排放的跨境转移会受到地理因素的显著影响（张德钢和陆远权，2017；童磊和王运鹏，2020）。一般而言，国家间地理距离越远，将导致更高的贸易成本，使得两国间的贸易水平有所下降，进而降低碳排放转移水平。因此，可以认为地理距离的增加不利于国家间建立碳排放转移关系。

2. 经济发展水平

如前文所述，在 GVC 分工体系下，发达国家国内主要为低碳密集型产业并生产“清洁品”，而发展中国家国内主要为高碳密集型产业并生产“污染品”（陆旸，2012）。随着 GVC 分工的深化和发达国家环境规制的增强，高碳密集型产业正在全球范围内不断分散，并逐渐向着发展中国家和地区集中，从而在南北国家间引发愈加严重的“碳泄漏”问题和“污染避难所”效应。同 GVC 分工地位的分析相似，相同经济发展水平下的国家间很难建立起较强的碳排放转移关系。相反，碳排放转移关系往往都是在经济发展水平差异较大的国家间产生。所以，经济发展水平差异越大，将越有利于国家间建立碳排放转移关系。

第二节　不同国家（地区）的 GVC 分工联系和相对分工地位

一、GVC 分工联系与分工地位的衡量指标

（一）GVC 分工联系衡量指标

随着 GVC 分工水平的日益深化，各国出口产品的生产过程中均不同程度地包含其他国家所提供的中间品。如图 3－1 所示，国家 s 的出口中存在来源于进口国 r（$T11-T12$）与第三国 t（$T14-T15$）的增加值，这部分增加值即刻画了其他国家在国家 s 产品内分工环节中所承担的中间品部分。因此，借助出口增加值分解方法（详见式（3－13））对各国出口增加值来源的全面分解，能够清晰地反映出口国与其他国家之间的 GVC 分工联系。根据上述思路，构建衡量两国 GVC 分工联系的指标如下：

$$gvcr_{sj} = \frac{FVA_j}{E_s} \tag{5-1}$$

其中，$gvcr_{sj}$ 代表国家 s 与国家 j 的 GVC 分工联系，由国家 s 的出口中来源于国家 j 的增加值部分（FVA_j）在该国出口规模（E_s）中的占比衡量。$gvcr_{sj}$ 越大，说明国家 s 出口中来源于国家 j 的增加值占比越高，反映国家 s 越依赖于国家 j 所提供的中间品，即反映出国家 s 与国家 j 的 GVC 分工联系越紧密。

（二）GVC 分工地位衡量指标

在 GVC 分工地位衡量方面，Koopman 等（2010）较早地构建了衡量国家 s 分工地位的 GVC 地位指数（$gvc\_position_s$）。该研究认为，国家 s 的前向参与度（DVA_INTREX/E_s）越大，表明其越处于 GVC 分工的上游环节，而后向参与度（FVA/E_s）越大，表明其越处于 GVC 分工的下游环节。因此，Koopman 等（2010）构建的 GVC 地位指数为：

$$gvc\_position_s = Ln(1 + \frac{DVA\_INTREX}{E_s}) - Ln(1 + \frac{FVA}{E_s}) \tag{5-2}$$

上述 GVC 地位指数的取值越大，表明该国越靠近 GVC 分工的上游环节，即在 GVC 中所处位置越高。然而，该指标难以进行 GVC 分工地位的国际比较。原因在于，即使两国间的前向参与度和后向参与度的取值均不同，但也可能会得出相同的 GVC 地位指数。例如，前向参与度与后向参与度两者都很高的国家，其地位指数可能与两者都很低的国家相同。因此，Koopman 等（2010）认为在使用 GVC 地位指数时应当同时关注参与 GVC 对于该国的重要性，故同时构建了 GVC 参与度指数（$gvc\_participation_s$），用于衡量参与 GVC 分工对于国家 s 的重要性，该指数计算方法为：

$$gvc\_participation_s = \frac{DVA\_INTREX}{E_s} + \frac{FVA}{E_s} \tag{5-3}$$

延续上述思路，潘安和戴岭（2020）对 GVC 地位指数进行改进，提出了衡量一国 GVC 分工地位的新指标 $gvcp_s$，从根本上解决了单一指标难于进行国际比较的问题。具体而言，潘安和戴岭（2020）根据各国出口增加值的来源路径，结合各国在 GVC 分工中的参与程度，重新构建了 GVC 地位指数：

$$gvcp_s = \frac{\frac{DVA\_INTREX}{E_s} + \sum_{j \neq s}^{G} \frac{FVA_{j,s}}{E_j}}{\sum_{s=1}^{G} gvc\_participation_s} \tag{5-4}$$

其中，$FVA_{j,s} = \sum_{i \neq s}^{G} FVA_{j,si}$，表示为国家$j$出口中来源于国家$s$的增加值，$FVA_{j,si}$的含义则与式（3-19）保持一致，$FVA_{j,s}/E_j$即表示为国家$j$出口中来源于国家$s$的增加值占出口的比重。$\sum_{j \neq s}^{G}(FVA_{j,s}/E_j)$在$\sum_{s=1}^{G} gvc_participation_s$中的占比越高，表明国家$s$在其他所有国家出口中所占的参与比重越高，说明GVC中的其他国家对国家s的依赖程度越高；DVA_INTREX_s/E_s在$\sum_{s=1}^{G} gvc_participation_s$中的占比越高，说明国家$s$出口中的自身价值增值能力越强。事实上，$DVA_INTREX/E_s$和$\sum_{j \neq s}^{G}(FVA_{j,s}/E_j)$分别是国家$s$和其他各国GVC参与度指数的组成部分，两者之和占$\sum_{s=1}^{G} gvc_participation_s$比重越大，说明国家$s$在所有国家出口中的参与占比越高，反映出其具有越高的分工地位。需要强调的是，与Koopman等（2010）提出GVC地位衡量方法不同，改进后的GVC地位指数能够通过指数值大小直接衡量不同国家的GVC分工地位。

进一步地，根据式（5-2）可知，$\sum_{j \neq s}^{G}(FVA_{j,s}/E_j)$为所有国家来源于国家$s$的国外增加值占比之和，故$\sum_{s=1}^{G}\sum_{j \neq s}^{G}(FVA_{j,s}/E_j)$可表示为所有国家的国外增加值占比之和，即有：

$$\sum_{s=1}^{G}\sum_{j \neq s}^{G}\frac{FVA_{j,s}}{E_j} = \sum_{s=1}^{G}\frac{FVA}{E_s} \tag{5-5}$$

在式（5-5）两边同时加上$\sum_{s=1}^{G}(DVA_INTREX/E_s)$，则有：

$$\sum_{s=1}^{G}\left(\frac{DVA\_INTREX}{E_s} + \sum_{j \neq s}^{G}\frac{FVA_{j,s}}{E_j}\right) = \sum_{s=1}^{G}\left(\frac{DVA\_INTREX}{E_s} + \frac{FVA}{E_s}\right) \tag{5-6}$$

结合式（5-6）和式（5-4），可得 $\sum_{s=1}^{G}(gvcp_s)=1$，表明所有国家的GVC地位指数之和应为1，体现出所改进的GVC地位指数反映的是各国相对GVC分工地位水平。此外，与 $gvc\_position_s$ 可能出现负值的情况不同，改进后的 $gvcp_s$ 均为非负取值，这为该指数的分析与广泛应用提供了便利。

二、GVC分工联系分析

根据式（5-1），测算得到2000年与2014年各国（地区）之间的GVC分工联系程度，并据此绘制了如图5-1所示的热力图。不难发现，2014年的深色方格数多于2000年，说明2014年各国（地区）间的GVC分工联系有所加强，同期内全球出口隐含碳排放规模也在不断扩大（见图3-2），或说明GVC分工联系的增强促进了全球出口隐含碳排放及其转移。具体来看，在2000年与2014年，大部分深色方格均集中在G7国家所对应的列，意味着多数国家（地区）出口中来自G7国家的国外增加值占比较高，反映出多数国家（地区）与美国、德国、日本等G7国家之间的GVC分工联系较为紧密，而这些G7国家正是全球范围内最为主要的碳排放净转入国（见表3-8）。另外，金砖国家在GVC分工联系中所扮演的角色日趋重要，中国、俄罗斯等国所对应的列中的深色方格数量大幅增加，说明越来越多的国家（地区）出口中包含了来自金砖国家的国外增加值，且出口中来自于金砖国家的增加值占比也有明显提升。与G7国家不同，中国、俄罗斯、巴西等金砖国家是全球范围内最为主要的碳排放转出国。结合以上G7国家和金砖国家的分析，可以认为国家（地区）间GVC分工联系的加强在一定程度上与碳排放转移规模的扩大存在正向联系，其中G7国家主要为碳排放转入国，而金砖国家主要为碳排放转出国。

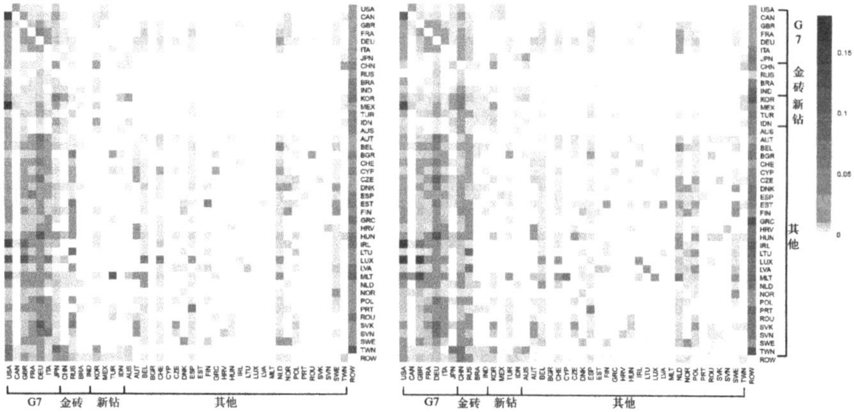

(a) 2000年　　(b) 2014年

注：方格颜色越深表明对应的两个国家（地区）之间的GVC分工联系越紧密；纵轴代表出口国（地区），横轴代表国外增加值来源国（地区）。

图5－1　2000年和2014年各国（地区）GVC分工联系情况

进一步在表5－1中报告了2000年和2014年五大区域出口中国外增加值占出口比重的具体情况，以此反映五大区域之间的GVC分工联系。2000年，各区域出口中来自G7国家的国外增加值占比远高于其他区域，说明G7国家在各个区域出口中参与程度最高，G7与各国区域均有最为紧密的分工联系。然而，2014年，G7在各区域出口中的国外增加值占比则有所下降，各区域来源于金砖国家的国外增加值占比则有所提升，表明金砖国家在各区域出口中参与程度有明显提升。其中，与新钻国家和RoW分工联系的提升尤为明显，两大区域中来自金砖国家的国外增加值占比分别从2000年的1.42%和1.18%上升至2014年的4.86%和5.98%。上述GVC分工联系的变化，与国家（地区）间的碳排放转移具有较强的相关性。以韩国这一典型的新钻国家为例，该国在2000年和2014年对美国和中国的碳排放转移均位列前三。其中，2000年，韩国对美国和中国的碳排放转移分别为31.90Mt和17.20Mt，该年来自美中两国增加值占韩国出口比重分别为3.72%和1.23%；2014年，韩国对中国的碳排放转移为41.38Mt，反超了对美国的29.05Mt，该年来自中美两国增加值占韩国出口比重分别为4.30%和0.58%。可见，由于加强了与韩国的GVC分工联系，韩国对中国的碳排放转移规模上升近140.55%；相反，由于与韩国的GVC分工联系明显下降，导致韩国对美国的碳排放转移出现了8.04%的下降。从上述举例中足以证明，两国（地区）间GVC分工联系的加强的确对碳排放转移产生了助推作用。

表5-1　2000年和2014年五大区域出口中国外增加值占出口比重（%）

分区域	G7国家	金砖国家	新钻国家	其他区域	RoW
2000年					
G7国家	6.38	0.68	0.66	3.07	2.04
金砖国家	4.12	0.47	1.03	1.77	3.76
新钻国家	13.43	1.42	0.91	2.20	4.63
其他区域	11.68	1.18	0.74	5.13	3.15
RoW	11.56	2.89	1.70	4.60	—
2014年					
G7国家	5.49	2.23	0.90	4.06	3.03
金砖国家	2.75	1.03	1.16	1.90	4.85
新钻国家	8.57	4.86	1.06	2.78	7.18
其他区域	10.28	2.98	0.93	5.94	4.86
RoW	6.48	5.98	1.53	3.89	—

三、相对GVC分工地位分析

根据式（5-4），测算得到主要年份各国（地区）的GVC地位指数。如表5-2所示，2000年GVC分工地位前10的国家分别为美国、德国、俄罗斯、英国、日本、意大利、法国、荷兰、挪威和奥地利；2014年GVC分工地位前10的国家分别为美国、德国、俄罗斯、中国、英国、法国、荷兰、意大利、挪威和波兰。需要注意的是，GVC分工地位长期处于稳定优势的国家有美国、德国、俄罗斯、英国、法国、意大利、荷兰等国，上述除少数能源出口大国之外（俄罗斯、荷兰），绝大部分国家都在2000—2014年处于碳排放的净转入状态（表3－8）。此外，对于2000—2014年处于碳排放净转出规模前列的国家（地区），如中国台湾、加拿大、巴西、丹麦、捷克等，其GVC分工地位则长期处于较低位置[①]。总的来看，GVC分工地位保持在较高水平的国家（地区）更倾向于作为碳排放净转入国家，而GVC分工地位保持在低位的国家（地区）更容易作为碳排放净转出国家。那么，上述现象是否意味着碳排放转移更倾向于在分工地位较高和较低国家间产生？

表5－2　　2000—2014年各国（地区）GVC地位指数

序号	国家（地区）	年份			
		2000	2005	2010	2014
1	澳大利亚	0.0183	0.0185	0.0212	0.0181
2	奥地利	0.0237	0.0209	0.0198	0.0194
3	比利时	0.0215	0.0221	0.0199	0.0177
4	保加利亚	0.0123	0.0101	0.0106	0.0109
5	巴西	0.0152	0.0159	0.0178	0.0169
6	加拿大	0.0104	0.0106	0.0135	0.0130
7	瑞士	0.0219	0.0183	0.0192	0.0174
8	中国	0.0172	0.0255	0.0373	0.0449
9	塞浦路斯	0.0081	0.0092	0.0166	0.0159
10	捷克	0.0152	0.0166	0.0159	0.0157
11	德国	0.0772	0.0781	0.0719	0.0699
12	丹麦	0.0132	0.0138	0.0125	0.0120
13	西班牙	0.0205	0.0221	0.0189	0.0188

① 2000年，中国台湾、加拿大、巴西、丹麦、捷克的GVC分工地位分别处于第21、36、23、27和22位，而2014年则分别处于第24、28、19、30和22位。

续表

序号	国家（地区）	年份			
		2000	2005	2010	2014
14	爱沙尼亚	0.0119	0.0113	0.0113	0.0105
15	芬兰	0.0178	0.0165	0.0148	0.0149
16	法国	0.0371	0.0347	0.0335	0.0307
17	英国	0.0479	0.0467	0.0410	0.0443
18	希腊	0.0150	0.0146	0.0134	0.0113
19	克罗地亚	0.0107	0.0112	0.0117	0.0115
20	匈牙利	0.0092	0.0119	0.0106	0.0116
21	印度尼西亚	0.0137	0.0150	0.0171	0.0160
22	印度	0.0126	0.0142	0.0143	0.0131
23	爱尔兰	0.0098	0.0104	0.0095	0.0098
24	意大利	0.0380	0.0385	0.0308	0.0303
25	日本	0.0385	0.0317	0.0276	0.0210
26	韩国	0.0178	0.0181	0.0178	0.0188
27	立陶宛	0.0114	0.0112	0.0115	0.0108
28	卢森堡	0.0077	0.0078	0.0093	0.0083
29	拉脱维亚	0.0135	0.0127	0.0128	0.0123
30	墨西哥	0.0069	0.0065	0.0069	0.0081
31	马耳他	0.0058	0.0063	0.0040	0.0041
32	荷兰	0.0271	0.0272	0.0248	0.0306
33	挪威	0.0260	0.0264	0.0256	0.0259
34	波兰	0.0171	0.0205	0.0215	0.0234
35	葡萄牙	0.0098	0.0111	0.0112	0.0108
36	罗马尼亚	0.0124	0.0128	0.0152	0.0156
37	俄罗斯	0.0482	0.0615	0.0625	0.0471
38	斯洛伐克	0.0121	0.0122	0.0112	0.0111
39	斯洛文尼亚	0.0105	0.0111	0.0107	0.0118
40	瑞典	0.0219	0.0209	0.0234	0.0222
41	土耳其	0.0189	0.0175	0.0148	0.0146

续表

序号	国家（地区）	年份			
		2000	2005	2010	2014
42	中国台湾	0.0153	0.0160	0.0149	0.0149
43	美国	0.0898	0.0703	0.0662	0.0703

以2014年为例，进一步分析各国（地区）之间的相对GVC分工地位[①]与碳排放转移之间的相关性。如图5-2所示，可以发现相对GVC分工地位与碳排放转移规模呈现一定的正相关关系。上述关系表明，GVC分工地位差异越大的国家（地区）之间，所产生的碳排放转移规模越大。换言之，相对于一个较低分工地位的国家（地区），一国（地区）越是处于较高的分工地位，其来自低分工地位国家（地区）的碳排放转移就会越大，这与前文关于GVC分工影响的理论分析结论保持一致。

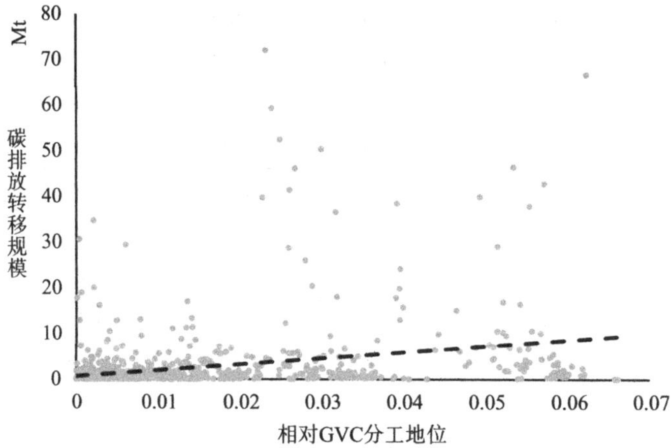

注：横轴为任意两国（地区）之间的GVC地位指数之差，纵轴为低分工地位国家（地区）向高分工地位国家（地区）的碳排放转移规模，仅保留了相对GVC分工大于0的关系。

图5-2　2014年各国（地区）相对GVC分工差异与隐含碳转移规模关系

① 相对GVC分工地位可通过两国（地区）的GVC地位指数之差衡量。

至此，本书从GVC分工联系、GVC分工地位两个方面的现状分析，得到了GVC分工对全球碳排放转移的影响。GVC分工的影响主要表现为：GVC分工联系的加强会促进碳排放转移规模的扩大，而GVC分工地位差距的扩大也有助于扩大碳排放转移规模，且碳排放主要由低分工地位国家（地区）向高分工地位国家（地区）转移。上述结论与前文的理论分析保持一致。接下来，将借助TERGM方法对以上结论进行经验检验，最终得到不同因素对全球碳排放转移的真实影响。

第三节　全球碳排放转移网络影响因素的实证分析

一、TERGM的模型构建与估计方法

（一）TERGM构建

指数随机图模型（Exponential Random Graph Model，ERGM）是揭示网络关系生成机制的一种新兴的社会网络统计方法（唐晓彬和崔茂生，2020；刘林青等，2021）。在以关系为基础构建模型的思路下，ERGM突破了传统回归方法中的个体独立性假设，能够同时对网络关系形成的内生机制和外生机制进行估计和检验（许和连等，2015；刘林青等，2020）。与QAP模型相比，ERGM不仅可考虑网络的关系变量，还可以将二元、连续等多类属性变量纳入模型，故ERGM被视为目前研究网络关系中更为完善和先进的方法（牛华等，2020）。但也需注意到，传统ERGM作为静态网络分析方法，并不适用于对网络动态变化机制的分析。为此，Hanneke等（2010）将传统ERGM进行了拓展和改进，提出TERGM，用以探究网络数据的时间依赖特征。基于离散时间网络数据，TERGM可对多期网络进行拟合估计，在网络关系形成机制研究中得到广

泛应用。鉴于此，本书将采用 TERGM 方法实证分析全球碳排放转移网络的影响因素。借鉴唐晓彬和崔茂生（2020）、刘林青等（2021）等研究的构建方法，构建如下 TERGM：

$$P(N^t|\theta^t,N^{t-1}) = (1/k)\exp(\theta_0 edge + \theta_1 gwodeg + \theta_2 gwdsp + \theta_3 gwesp + \theta_4 stability + \theta_5 variability + \theta_{c1} gvcr + \theta_{c2} gvcp + \theta_{c3}\ln dist + \theta_{r1}\ln export + \theta_{r2} ints + \theta_{r3} tfp + \theta_{r4} oreg + \theta_{s1}\ln ofdi + \theta_{s2}\ln pop + \theta_{s3} ireg + \theta_{rs} eu + \theta_{rs} oecd) \quad (5-7)$$

其中，N^t、N^{t-1}分别表示 t 和 $t-1$ 时期的碳排放转移关系网络，θ 为待估参数①，k 为标准化常量②，ln 为自然对数。*edges* 表示碳排放转移关系网络中的边变量，相当于传统计量模型的截距项。θ 的下标 r 表示发送者，s 表示接收者，c 表示协网络③。模型因变量为碳排放转移网络中碳排放转移关系存在与否的概率④。在解释变量中，结构依赖指标包括 *gwodep*、*gwdsp* 和 *gwesp*，分别代表积极性、多连通性和传递闭合性；时间依赖指标包括 *stability* 和 *variability*，分别表示稳定性和变异性；协网络包括 *gvcr*、*gvcp* 和 *dist*，分别表示发送者和接收者间的 GVC 分工联系、相对 GVC 分工地位和地理距离⑤；发送者属性变量包括 *export*、*ints*、*tfp* 和 *oreg*，分别表示出口规模、出口污染密集度、全要素生产率和环境规制；接收者属性变量包括 *ofdi*、*pop* 和 *ireg*，分别表示对外直接投资、人口规模和环境规制；同配性变量包括 *eu* 和 *oecd*，分别表示是否为欧盟国家和是否为 OECD 国家。

---

① 主要采用 R 软件中 statnet 程序包构建模型并完成 TERGM 的估计与检验。

② 标准化常量可使概率之和为 1。

③ 协网络也称二元关系协变量、网络协变量、外生协变量、协变量网络。

④ 关系存在为 1，否则为 0。

⑤ 由于考察的是全球碳排放转移网络，所以发送者为碳排放转出国家，接收者为碳排放转入国家。

（二）估计方法

一般而言，TERGM 的参数估计主要采用的是极大似然估计法（MLE），但在网络总体数据巨大的情况下，直接应用标准的极大似然估计法进行估计较为困难[①]。因此，学界普遍采用伪极大似然估计（Maximum Pseudo Likelihood Estimation，MPLE）和马尔科夫蒙特卡罗极大似然估计（Markov Chain Monte Carlo Maximum Likelihood Estimation，MCMC MLE）两类方法对极大似然函数进行近似（唐晓彬和崔茂生，2020）[②]。其中，MPLE 方法通过将 TERGM 转变为 Logit 形式，并将条件概率的乘积作为伪极大似然函数，替代需要估计的极大似然函数，从而实现近似 MLE 的估计法并对 TERGM 进行拟合。然而，MPLE 方法无法保证回归估计是否满足一致性假设，可能导致估计结果出现偏误。与 MPLE 方法相比，MCMC MLE 方法更为精确（Grayer 和 Thompson，1992）。MCMC MLE 方法的核心在于利用 MCMC 算法生成大量仿真图，并使用迭代方法通过不断地模拟、比较和修正来使参数估计值趋于稳定，从而实现对 TERGM 的估计。此外，MCMC MLE 的估计结果还会报告赤池信息量（Akaike Information Criterion，AIC）和贝叶斯信息量（Bayesian Information Criterion，BIC），可用于判断模型的复杂度和拟合的优良性[③]。综上，本书将同时使用上述两种估计方法对 TERGM 进行参数估计，其中 MPLE 方法将作为稳健性检验方法之一。

---

① 如果网络非常大，计算标准化常量时需要对太多项进行求和，导致计算过程非常困难，从而无法使用极大似然估计方法。

② 这两类方法无须计算标准化常量。

③ 一般而言，模型复杂度的提高会导致 AIC 和 BIC 增大，容易造成过度拟合现象。从一组模型中选取最佳模型时，通常的选取标准是选择 AIC 和 BIC 最小的模型。

二、变量选择与数据说明

（一）变量选择

1. 因变量

根据不同国家（地区）间的碳排放转移关系构建有向二值网络①。全球碳排放转移的二值网络设定为：

$$G = (V_i, V_j, A)(i, j = 1, 2, \cdots, N) \tag{5-8}$$

其中，向量 $V_i = [v_i]$，表示碳排放关系的发出国 i；向量 $V_j = [v_j]$，表示碳排放关系的接收国 j；矩阵 $A = [a_{ij}]$，表示关系发出国 i 和接收国 j 之间的碳排放转移关系。本书采用设置阈值的方式来对碳排放转移关系进行设置。为清晰反映国家间碳排放转移关系的紧密程度，参考 Duan 等（2018）的方法，按照碳排放转移规模来对国家间的碳排放转移关系进行筛选，以提取碳排放转移网络中存在的显著关系。将阈值设定为一国从其他国家转入碳排放量的均值。当国家 i 对国家 j 的碳排放转移规模超过阈值时，a_{ij} 等于 1，否则 a_{ij} 等于 0。

另外，延续传统 ERGM 的研究方法，同时考虑外生网络效应、内生结构效应和行动者—关系效应对全球碳排放转移网络关系形成的影响（Lusher 等，2012；杨文龙和杜德斌，2018；刘林青等，2021）。其中，外生网络效应主要通过协网络进行检验，内生结构效应主要通过结构依赖性和时间依赖性进行检验，行动者—关系效应则主要通过发送者属性、接收者属性和同配性进行检验。本书将以上三大方面的六类变量纳入模型，对全球碳排放转移网络形成的影响因素进行分析。以下分别对协网络、发送者属性、接收者属性、同配性、结构和时间依赖性进行变量选

① 需要说明的是，本章构建的碳排放转移网络为二值网络，而第四章中构建的全球碳排放转移网络为加权网络。

择说明。

2. 协网络

协网络变量考察的是外生网络关系对全球碳排放转移网络的影响。为了检验 GVC 分工联系、GVC 分工地位和地理距离的影响作用，将国家间 GVC 分工联系（*gvcr*）、相对 GVC 分工地位（*gvcp*）和地理距离（*dist*）三类网络协变量作为外生网络嵌入模型并进行估计。

（1）GVC 分工联系（*gvcr*）：使用前面构建的 GVC 分工联系指标进行衡量。根据前文理论分析，GVC 分工联系越紧密，国家间建立碳排放转移关系的可能性越高，预期符号为正。

（2）相对 GVC 分工地位（*gvcp*）：采用国家间的 GVC 地位指数之差进行衡量，GVC 地位指数的具体计算公式见式（5－4）。考虑到所建 GVC 地位指数具有加总等于 1 的特点，为避免出现共线性问题，对 GVC 地位指数进行加 1 再取对数的处理。国家间相对 GVC 分工地位差异越大，意味着所处的分工环节差异越大，更倾向于形成碳排放转移关系，预期符号为正。

（3）地理距离（*dist*）：采用各国首都之间的直线距离进行衡量。一般而言，地理位置相近的国家进行贸易往来更为便捷，贸易成本也更低，进而有助于形成碳排放转移关系，预期符号为负。

3. 发送者属性

发送者属性考察的是具有特定属性的国家发送碳排放转移关系的倾向。根据出口的“环境三效应”理论，选取的发送者属性包括出口规模（*export*）、出口污染密集度（*ints*）和全要素生产率（*tfp*）。此外，根据前文理论分析，还纳入了环境规制（*oreg*）以控制政府政策因素。

（1）出口规模（*export*）：采用各国商品和服务出口额进行衡量。一般而言，出口规模的扩大会导致碳排放转移的增加，进而会提高发送碳排放转移的可能性，即表现为出口的规模效应，预期符号为正。

（2）出口污染密集度（*ints*）：采用出口隐含碳排放量与出口规模之比进行衡量。借鉴 Fei 等（2020）的测算方法，首先基于 MRIO 模型测算得到各国出口隐含碳排放量，再根据出口规模计算得到各国相应单位出口的隐含碳排放量，进而反映其出口产品的污染密集程度。不难想象，出口污染密集度的上升说明出口中高碳排放产品的占比有所上升，进而会提高碳排放的转移规模，使得一国更倾向于发送碳排放转移关系，即表现为出口的结构效应，预期符号为正。

（3）全要素生产率（*tfp*）：选取 Penn World Table 10.0（PWT 10.0）中的全要素生产率指标进行衡量。全要素生产率变化最直接的来源是技术水平的变化，故一国全要素生产率的高低能够反映出其生产技术水平的高低。生产技术水平的提升能够有效降低生产过程中的碳排放强度，进而可降低发送碳排放转移关系的可能性，即表现为出口的技术效应，预期符号为负。

（4）环境规制（*oreg*）：选取各国气候变化指数（CCH）进行衡量。国际地球科学信息网络中心（CIESIN）对 1950—2020 年 180 个国家和地区的环境绩效指数（EPI）进行了测度，可追踪环境健康和生态系统活力两大政策目标的绩效。该指数涵盖了以下 11 个问题类别的 32 项绩效指标：空气质量、卫生和饮用水、重金属、废物管理、生物多样性和栖息地、生态系统服务、渔业、气候变化、污染排放、农业及水资源。由于考察的是碳排放转移问题，选取其中的气候变化指数指标，其包含 8 项绩效指标：CO_2增长率、CH_4增长率、含氟气体增长率、N_2O 增长率、碳黑增长率、土地覆盖产生的 CO_2、温室气体（GHG）强度趋势和人均 GHG。环境规制强度的上升将会降低碳排放转移规模，从而可抑制一国发送碳排放转移关系，预期符号为负。

4. 接收者属性

接收者属性考察的是具有特定属性的国家接收碳排放转移关系的倾

向。选取的接收者属性包括对外直接投资（*ofdi*）、人口规模（*pop*）和环境规制（*ireg*）。

（1）对外直接投资（*ofdi*）：考虑到流量数据具有较大的波动性，选取了各国对外直接投资的存量数据进行衡量。对外直接投资水平的提高，有利于通过投资与贸易互动促进一国的进口，进而有助于提升接收碳排放转移的可能性，预期符号为正。

（2）人口规模（*pop*）：采用各国总人口数进行衡量。一国人口规模越大，意味着该国的生产和消费需求也越高，从而会提高建立碳排放转移关系的可能性，预期符号为正。

（3）环境规制（*ireg*）：该指标选取同发送者属性一致。环境规制强度越高的国家，对高碳密集型产品进口的限制将越为严格。所以，环境规制的增强同样可抑制一国接收碳排放转移，预期符号为负。

5. 同配性

同配性主要考察具有相同属性的国家间是否更倾向于发生碳排放转移。为检验区域经济一体化和经济发展水平对于碳排放转移网络的影响，根据是否为欧盟国家（*eu*）和是否为 OECD 国家（*oecd*）将样本国依次划分为两类。具体而言，当为欧盟国家时，*eu* 为 1，否则为 0；当为 OECD 国家时，*oecd* 为 1，否则为 0。结合前文的现状和理论分析，可以认为区域经济一体化有助于加强各国间的贸易联系，进而提高建立碳排放转移关系的可能性，故 *eu* 的预期符号为正。另外，碳排放转移关系主要存在于经济发展水平不同的国家之间，以“污染避难所”为典型，所以，处于相同经济发展水平的国家间较难形成碳排放转移关系，故预期 *oecd* 的符号为负。

6. 结构依赖性

为检验网络形成的结构依赖效应，主要选取了边数（*edges*）、积极性（*gwodeg*）、多连通性（*gwdsp*）、传递闭合性（*gwesp*）四种网络结构变量。其中，边数（*edges*）指网络中的关系数。积极性（*gwodeg*）也称几何加权出度分布，衡量的是一国向多个国家发送碳排放转移关系的趋势。多连通性（*gwdsp*）也称几何加权二元组伙伴分布，反映国家间的碳排放转移关系通过多路径传递的趋势。传递闭合性（*gwesp*）也称几何加权边共享伙伴分布，反映国家间通过第三国形成碳排放转移关系的趋势。

7. 时间依赖性

为检验网络形成的时间依赖效应，在模型中加入稳定性（*stability*）和变异性（*variability*）。其中，稳定性（*stability*）衡量的是已有碳排放转移关系在下一时期保持不变的可能性，可检验全球碳排放转移网络的稳定性。变异性（*variability*）衡量的是已有碳排放转移关系在下一时期发生变化或随时间发展出新的碳排放转移关系的可能性，可检验全球碳排放转移网络的变异性。

（二）数据说明

在 TERGM 分析中使用的数据主要来自 WIOD、CEPII 数据库、WDI 数据库、Penn World Table、CIESIN 等。因 WIOD 提供的投入产出数据仅更新至 2014 年，故样本选择时间为 2000—2014 年。另外，由于中国台湾数据缺失，故在 TERGM 分析中不包括中国台湾。具体的变量选择与数据来源详见表 5－3。

表 5－3　TERGM 变量选择与数据来源

变量类型	变量名称	变量符号	预期符号	数据来源
协网络	GVC 分工联系	*gvcr*	+	WIOD
	相对 GVC 分工地位	*gvcp*	+	WIOD
	地理距离	*dist*	−	CEPII 数据库

续表

变量类型	变量名称	变量符号	预期符号	数据来源
发送者属性	出口规模	*export*	+	WDI 数据库
	出口污染密集度	*ints*	+	WIOD
	全要素生产率	*tfp*	-	Penn World Table
	环境规制	*oreg*	-	CIESIN
接收者属性	对外直接投资	*ofdi*	+	WDI 数据库
	人口规模	*pop*	+	WDI 数据库
	环境规制	*ireg*	-	CIESIN
同配性	是否是欧盟国家	*eu*	+	EU
	是否是 OECD 国家	*oecd*	-	OECD
结构依赖性	边数	*edges*	—	—
	积极性	*gwodeg*	—	—
	多连通性	*gwdsp*	—	—
	传递闭合性	*gwesp*	—	—
时间依赖性	稳定性	*stability*	—	—
	变异性	*variability*	—	—

三、实证结果分析

利用 MCMC MLE 方法对 2000—2014 年全球碳排放转移网络进行 TERGM 估计与拟合，实证结果见表 5-4。其中，模型 1 为基准模型，解释变量包括协网络、结构依赖性和时间依赖性，模型 2 至模型 4 逐项增加发送者属性、接收者属性及同配性。从表 5-4 来看，除积极性（*gwodeg*）和变异性（*variability*）外，模型 1 至模型 4 各解释变量的系数大小、方向和显著性变化不大。比较发现，模型 4 的 AIC 和 BIC 值最低，同时综合了所有变量，可视为最佳模型。接下来，将基于模型 4 的回归结果对不同因素的影响作用进行详细阐述与分析。

首先，在协网络方面，两国间 GVC 分工联系和相对 GVC 分工地位显著地促进了碳排放转移关系的形成，而地理距离则在一定程度上抑制了碳排放转移关系的形成。从模型4的回归结果来看，GVC分工联系的估计系数为0.37，且在1%的显著性水平下为正，说明加强GVC分工联系能够提高两国间碳排放转移关系形成的概率。这意味着GVC分工联系网络与全球碳排放转移网络之间是相互促进的，与预期相符。相对GVC分工地位的估计系数为27.13，且通过了1%的显著性检验，表明两国间GVC分工地位差距的扩大会提高建立碳排放转移关系的概率，与预期相符。相对GVC分工地位发挥出了显著的影响作用，在一定程度上反映出全球碳排放转移主要由GVC分工地位差距较大的国家间产生，GVC分工地位相近国家间产生碳排放转移关系的概率相对较低。地理距离网络协变量的估计系数为-2.25，也通过了1%的显著性检验，说明地理距离的扩大的确在一定程度上抑制了碳排放转移关系的形成，与预期相符。

其次，在发送者属性方面，出口规模和出口污染密集度提高了一国发送碳排放转移的可能性，而全要素生产率和环境规制则降低了一国发送碳排放转移的可能性，影响作用方向均与预期相符。根据回归结果所示，出口规模的估计系数为2.96，通过了1%的显著性检验，表明出口规模扩大带来的规模效应显著提高了碳排放转移关系形成的概率，与预期相符。出口污染密集度的估计系数为1.05，在1%水平下显著为正，说明结构效应在一定程度上增加了一国发送碳排放转移的可能性，即一国出口污染密集度越高，发送碳排放转移的概率越大，与预期相符。全要素生产率的估计系数为-1.70，同样通过了1%的显著性检验，反映出全要素生产率提升带来的技术效应能够抑制一国发送碳排放转移，与预期相符。环境规制的估计系数为-3.86，在1%的显著性水平下显著为负，说明一国的环境规制强度越高，越不容易发送碳排放转移，结果符合预期。

再次，在接收者属性方面，对外直接投资和人口规模显著提高了一国接收碳排放转移的可能性，而环境规制对一国接收碳排放转移的抑制作用并不明显。由回归结果可知，对外直接投资的估计系数在1%的显著性水平下显著为正，反映一国对外投资的增加会增加其接收碳排放转移的可能性，与预期相符。人口规模的估计系数在1%的显著性水平下显著为正，说明一国国内的生产和消费的需求越多，越倾向于接收碳排放转移，与预期相符。环境规制的估计系数为负但不显著，说明贸易壁垒的存在阻碍了碳排放转移的接收，但这种阻碍作用并不明显，这与环境规制在发送者属性中发挥的显著作用不同。

另外，在同配性方面，实现区域经济一体化和国家间经济发展水平的差异促进了碳排放转移关系的建立。一方面，是否为欧盟国家变量的估计系数为正，且在1%的水平下显著，表明欧盟国家间更倾向于发生碳排放转移，反映出区域经济一体化下较强的区域分工联系显著提高了碳排放转移关系形成的概率，与预期相符。另一方面，是否为OECD国家变量的估计系数显著为负，这意味着经济发展水平相近的国家间并不倾向于产生相应的碳排放转移关系；相反，国家间经济发展水平差异越大就越容易产生碳排放转移，与预期相符。

最后，全球碳排放转移网络具有显著的多连通性、传递闭合性及不显著的积极性，且碳排放转移关系随时间的推移趋于稳定。从结构依赖性来看，积极性的估计系数不显著为负，说明积极性对全球碳排放转移关系的形成具有一定的抑制作用，但一国向多个国家发送碳排放转移的趋势并不明显。多连通性的回归系数显著为正，反映出国家间的碳排放转移关系存在明显通过多路径传递的趋势。传递闭合性的估计系数显著为正，表明国家间具有明显的通过第三国形成碳排放转移关系的趋势，全球碳排放转移网络中普遍存在三角形闭合的网络结构，而这与GVC下的分工特征存在密切关系。

从时间依赖性来看，稳定性的估计系数显著为正，说明全球碳排放转移网络具有一定的稳定性，即国家间已有碳排放转移关系在下一时期倾向于保持不变。变异性的估计显著为负，说明随着时间的推移，国家间会建立起新的碳排放转移关系，同时也反映出全球碳排放转移网络关系的形成与时间具有交互作用，且该交互作用抑制了国家间碳排放转移关系的形成和演化。

表 5-4　　全球碳排放转移网络的 TERGM 实证结果

变量	模型 1	模型 2	模型 3	模型 4
协网络				
gvcr	0.53***	0.45***	0.36***	0.37***
	(0.04)	(0.05)	(0.06)	(0.06)
gvcp	26.16***	16.43***	25.85***	27.13***
	(2.28)	(2.88)	(3.35)	(3.35)
ln*dist*	-0.37***	-1.80***	-2.38***	-2.25***
	(0.08)	(0.11)	(0.13)	(0.14)
发送者属性				
ln*export*		2.86***	2.89***	2.96***
		(0.17)	(0.18)	(0.18)
ints		1.01***	1.05***	1.05***
		(0.07)	(0.07)	(0.07)
tfp		-1.67***	-2.00***	-1.70***
		(0.23)	(0.23)	(0.24)
oreg		-3.22***	-3.84***	-3.86***
		(0.41)	(0.42)	(0.44)
接收者属性				
ln*ofdi*			0.09**	0.15***
			(0.04)	(0.05)
ln*pop*			0.60***	0.54***
			(0.07)	(0.07)
ireg			-0.51	-0.13
			(0.39)	(0.40)

续表

变量	模型 1	模型 2	模型 3	模型 4
同配性				
eu				0.57***
				(0.10)
oecd				-0.43***
				(0.11)
结构依赖性				
edges	-0.16	-25.40***	-27.46***	-28.93***
	(0.35)	(1.70)	(1.77)	(1.79)
gwodeg	-1.25***	0.01	0.00	0.14
	(0.28)	(0.29)	(0.30)	(0.30)
gwdsp	-0.12***	-0.07***	-0.08***	-0.09***
	(0.01)	(0.01)	(0.01)	(0.01)
gwesp	0.93***	0.57***	0.45***	0.49***
	(0.10)	(0.11)	(0.11)	(0.11)
时间依赖性				
stability	2.98***	2.78***	2.69***	2.64***
	(0.04)	(0.04)	(0.04)	(0.04)
variability	0.01	-0.04***	-0.04***	-0.04***
	(0.01)	(0.01)	(0.01)	(0.01)
观测值	24108	24108	24108	24108
AIC	54984.78	449762.14	449677.00	449635.35
BIC	55081.55	449901.91	449849.03	449828.89
Log Likelihood	-27483.39	-224868.07	-224822.50	-224799.68

注：*、** 和 *** 分别表示 10%、5% 和 1% 的显著性水平，括号内为估计系数的标准误。

四、稳健性检验

为了保证 TERGM 估计结果的可靠性，本书将通过更换估计方法、设置全球碳排放转移网络数据的时间间隔以及进行 ERGM 估计等三种方法进行稳健性检验。

（一）使用伪极大似然估计法

将模型估计方法由 MCMC MLE 更换为 MPLE，估计结果见表 5－5。通过比较模型 4 和模型 8 的估计结果可以发现，除变异性的系数显著性有一定变化外，其他变量估计结果的符号和显著性检验结果均与表 5－4 一致，表明所得 TERGM 估计结论较为稳健①。

表 5－5　稳健性检验 I：基于伪极大似然估计法（MPLE）的实证结果

变量	模型 5	模型 6	模型 7	模型 8
协网络				
gvcr	0.61***	0.52***	0.43***	0.45***
	(0.06)	(0.07)	(0.09)	(0.07)
gvcp	27.18***	17.02***	26.69***	28.22***
	(3.18)	(3.80)	(4.92)	(4.44)
ln*dist*	−0.40**	−1.91***	−2.51***	−2.33***
	(0.18)	(0.18)	(0.24)	(0.24)
发送者属性				
ln*export*		2.94***	2.98***	3.01***
		(0.26)	(0.24)	(0.27)
ints		1.16***	1.20***	1.20***
		(0.28)	(0.21)	(0.30)
tfp		−1.66***	−2.05***	−1.73***
		(0.38)	(0.43)	(0.39)
oreg		−3.31***	−3.92***	−3.90***
		(0.47)	(0.49)	(0.56)
接收者属性				
ln*ofdi*			0.09*	0.14***
			(0.05)	(0.05)

① 从变异性的估计系数可以得到，相较于 MPLE 方法，MCMC MLE 方法或更为完善。

续表

变量	模型 5	模型 6	模型 7	模型 8
ln*pop*			0.62***	0.55***
			(0.08)	(0.09)
ireg			−0.60	−0.18
			(0.38)	(0.35)
同配性				
eu				0.58***
				(0.14)
oecd				−0.43***
				(0.13)
结构依赖性				
edges	0.08	−25.96***	−28.09***	−29.44***
	(0.61)	(2.50)	(2.37)	(2.95)
gwodeg	−1.52***	−0.63**	−0.65**	−0.51
	(0.28)	(0.28)	(0.25)	(0.29)
gwdsp	−0.11***	−0.07***	−0.08***	−0.09***
	(0.01)	(0.01)	(0.01)	(0.01)
gwesp	0.72***	0.44***	0.37***	0.43***
	(0.08)	(0.10)	(0.10)	(0.13)
时间依赖性				
stability	3.01***	2.76***	2.66***	2.62***
	(0.06)	(0.06)	(0.06)	(0.06)
variability	0.01	−0.03	−0.03	−0.04
	(0.02)	(0.02)	(0.02)	(0.02)
观测值	24108	24108	24108	24108

注：*、** 和 *** 分别表示 10%、5% 和 1% 的显著性水平，括号内为估计系数的标准误。

（二）调整时间间隔

借鉴刘林青等（2021）的研究思路，将动态全球碳排放转移网络的时间间隔设置为1年，边的筛选标准和变量设定同模型4，可分为以2000年和2001年为起始年份的两种情况，并分别采用MCMC MLE和MPLE两种方法进行TERGM估计，结果见表5-6。结果显示，模型9至模型12的估计结果与模型4相比，各变量的符号和显著性检验结果未出现实质性变化，再次反映出TERGM估计结果较为稳健。

表5-6　　稳健性检验Ⅱ：间隔1年的实证结果

变量	MCMC MLE		MPLE	
	模型9	模型10	模型11	模型12
	起始年份为2000	起始年份为2001	起始年份为2000	起始年份为2001
协网络				
gvcr	0.35***	0.42***	0.43***	0.51***
	(0.08)	(0.08)	(0.08)	(0.11)
gvcp	27.37***	30.78***	28.92***	32.97***
	(4.29)	(4.82)	(3.16)	(5.65)
ln*dist*	-2.45***	-2.41***	-2.56***	-2.48***
	(0.18)	(0.20)	(0.39)	(0.25)
发送者属性				
ln*export*	3.30***	3.18***	3.35***	3.14***
	(0.24)	(0.25)	(0.42)	(0.36)
ints	1.40***	1.56***	1.55***	1.62***
	(0.11)	(0.14)	(0.61)	(0.25)
tfp	-1.79***	-1.66***	-1.87***	-1.77***
	(0.32)	(0.33)	(0.56)	(0.46)
oreg	-4.46***	-5.09***	-4.51***	-5.10***
	(0.54)	(0.61)	(0.73)	(0.87)
接收者属性				
ln*ofdi*	0.15***	0.17***	0.15**	0.17**
	(0.06)	(0.07)	(0.08)	(0.08)
ln*pop*	0.55***	0.61***	0.57***	0.60***
	(0.09)	(0.10)	(0.14)	(0.10)

续表

变量	MCMC MLE		MPLE	
	模型 9	模型 10	模型 11	模型 12
	起始年份为 2000	起始年份为 2001	起始年份为 2000	起始年份为 2001
ireg	-0.17	-0.15	-0.24	-0.12
	(0.51)	(0.57)	(0.76)	(0.42)
同配性				
eu	0.61***	0.66***	0.63***	0.66***
	(0.12)	(0.13)	(0.17)	(0.19)
oecd	-0.41***	-0.40***	-0.40**	-0.42***
	(0.14)	(0.15)	(0.18)	(0.16)
结构依赖性				
edges	-32.20***	-31.69***	-32.60***	-31.02***
	(2.40)	(2.56)	(4.55)	(3.82)
gwodeg	0.43	0.45	-0.37	-0.59
	(0.40)	(0.43)	(0.59)	(0.34)
gwdsp	-0.09***	-0.09***	-0.09***	-0.09***
	(0.01)	(0.01)	(0.01)	(0.02)
gwesp	0.46***	0.55***	0.42***	0.57***
	(0.14)	(0.17)	(0.09)	(0.19)
时间依赖性				
stability	2.36***	2.42***	2.33***	2.39***
	(0.06)	(0.06)	(0.10)	(0.10)
variability	-0.06*	-0.03	-0.05	-0.02
	(0.03)	(0.04)	(0.08)	(0.08)
观测值	12054	10332	12054	10332
AIC	105420.18	75609.16		
BIC	105588.72	75772.15		
Log Likelihood	-52692.09	-37786.58		

注：*、** 和 *** 分别表示 10%、5% 和 1% 的显著性水平，括号内为估计系数的标准误。

（三）ERGM 估计结果

本书分别对2000年、2005年、2010年和2014年的全球碳排放转移网络进行ERGM估计。从表5-7可以看出，除环境规制变量的显著性水平发生变化外①，各模型中变量的估计结果与模型4一致，仍能够反映出所得结果较为稳健。

表5-7　　稳健性检验Ⅲ：ERGM估计结果

变量	模型13	模型14	模型15	模型16
	2000年	2005年	2010年	2014年
协网络				
gvcr	0.92***	0.83***	0.70***	0.72***
	(0.19)	(0.16)	(0.17)	(0.16)
gvcp	22.25***	44.54***	62.31***	56.98***
	(6.52)	(7.50)	(8.30)	(8.74)
ln*dist*	-3.87***	-3.89***	-4.51***	-5.28***
	(0.39)	(0.36)	(0.39)	(0.44)
发送者属性				
ln*export*	5.48***	5.25***	5.09***	5.39***
	(0.47)	(0.44)	(0.44)	(0.48)
ints	0.90***	2.43***	1.84***	4.47***
	(0.15)	(0.30)	(0.47)	(0.66)
tfp	-3.64***	-3.08***	-3.02***	-2.22***
	(0.54)	(0.54)	(0.68)	(0.68)
oreg	-0.66	-2.81**	-4.16***	-5.75***
	(1.01)	(1.15)	(1.12)	(1.13)
接收者属性				
ln*ofdi*	0.22***	0.27***	0.61***	0.51***
	(0.08)	(0.09)	(0.14)	(0.13)

① 环境规制在不同模型中估计结果的不同反映出在不同年份中环境规制所产生的作用略有不同。

续表

变量	模型 13	模型 14	模型 15	模型 16
	2000 年	2005 年	2010 年	2014 年
lnpop	0.69***	1.10***	1.12***	1.15***
	(0.16)	(0.16)	(0.18)	(0.20)
ireg	-3.12***	-2.72**	0.17	-2.08**
	(0.79)	(1.09)	(0.97)	(0.99)
同配性				
eu	1.16***	1.03***	1.36***	1.65***
	(0.22)	(0.23)	(0.24)	(0.25)
oecd	-1.19***	-0.78***	-1.05***	-0.65**
	(0.24)	(0.25)	(0.26)	(0.27)
结构依赖性				
edges	-53.35***	-55.07***	-53.39***	-53.86***
	(4.75)	(4.88)	(4.66)	(5.10)
gwodeg	0.25	0.33	-1.49*	-0.14
	(0.75)	(0.82)	(0.82)	(0.73)
gwdsp	-0.25***	-0.15***	-0.16***	-0.23***
	(0.04)	(0.03)	(0.04)	(0.05)
gwesp	1.86***	1.03***	0.73***	0.52**
	(0.33)	(0.24)	(0.23)	(0.23)
观测值	1722	1722	1722	1722
AIC	738.70	755.23	700.05	649.24
BIC	825.92	842.45	787.27	736.46
Log Likelihood	-353.35	-361.61	-334.02	-308.62

注：*、** 和 *** 分别表示 10%、5% 和 1% 的显著性水平，括号内为估计系数的标准误。

至此，已通过三种不同的稳健性检验方法，得到模型 4 所得的 TERGM 估计结果较为稳健，而且各变量估计系数的符号均与理论分析预期相符。总的来看，GVC 分工对全球碳排放转移产生了显著的影响，主要表现为 GVC 分工联系和相对 GVC 分工地位产生的显著正效应，且高水平区域经济一体化下建立紧密的区域分工联系也会对碳排放转移关系的建立产生显著的正向作用。

五、拟合优度检验

为检验 TERGM 的拟合效果，通常对仿真网络与观测网络进行比较分析，实施拟合优度诊断（Goodness of Fit，GOF）检验①。GOF 检验通过不断地增加网络特征指标来接近观测网络，以实现对仿真网络与观测网络特征指标的比较。为此，借鉴刘林青等（2021）的做法，选取节点间测地线距离（Geodesic distance）、几何加权二元组伙伴分布（Dyad - wise shared partners，gwdsp）、几何加权边共享伙伴分布（Edge - wise shared partners，gwesp）、点入度（Indegree）和三元组普查（Triad census）五类网络特征指标，根据模型 4 的估计参数进行网络仿真，共模拟出 1000 个网络图，并将模拟值与观测值进行对比和可视化，结果见图 5 - 3 的前 5 个子图。图中黑色实线为观测网络的统计值，箱线图表示仿真网络统计值的中位数和四位数范围，灰色线表示仿真网络 95% 的置信区间。一般而言，箱线图的中位数越接近于观测网络的黑色实线，该模型的拟合效果越好（Leifeld 等，2018）。可以发现，五类网络特征指标的统计值均位于仿真网络 95% 的置信区间之中，且箱线图中点均接近于观测网络的黑色实线，表明模型 4 具有较高的拟合优度。

此外，本书还绘制了 ROC（Receiver Operating Characteristic）曲线，以进一步观测模型的拟合效果，结果见图 5 - 3 的第 6 个子图。图中的浅色线为 ROC 曲线，其呈现了真阳性率与假阳性率的比率②。一般认为 ROC 曲线越接近左上角，则模型的拟合效果越好（唐晓彬和崔茂生，

① 一般直接比较 AIC 和 BIC 的数值，但 GOF 检验更加完备和直观。

② 真阳性率指实际建立的碳排放转移关系在模型预测中被正确地判断为真的比率，假阳性率指实际未建立的碳排放转移关系在模型预测中被错误地判断为真的比率。

2020）。如图 5－3 所示，模型 4 整体的拟合性较好。

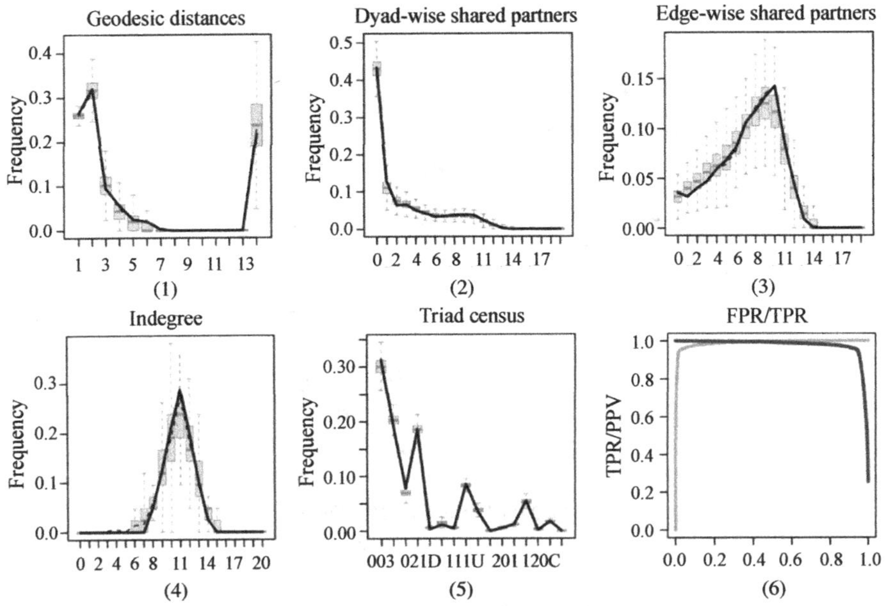

图 5－3　GOF 检验与 ROC 检验

六、仿真网络分析

本书基于模型 4 的参数估计结果生成 1000 个仿真网络，并对这些仿真网络进行可视化，限于篇幅，仅展示第 1000 个仿真网络，结果见图 5－4 第 2 个子图。为便于对比，还绘制了 2014 年真实的全球碳排放转移网络，结果如图 5－4 第 1 个子图所示。可以看到，在仿真网络中，各国在全球碳排放转移网络中的相对位置与观测网络保持一致，德国、俄罗斯、中国、美国仍均处于网络中的中心位置，同样反映出所得结果具有稳健性特征。

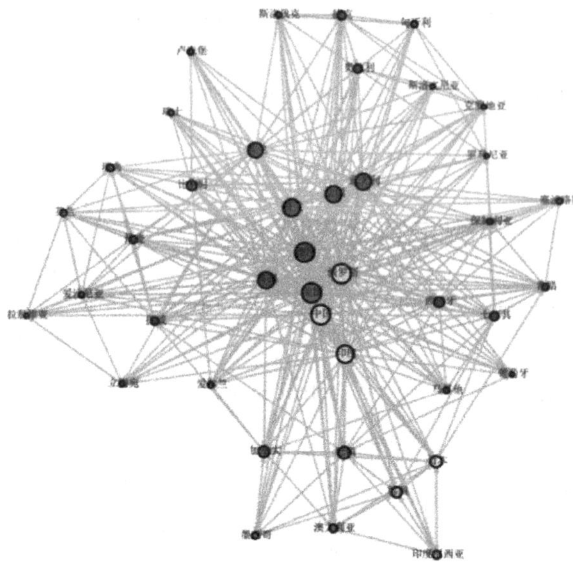

（1）2014年全球碳排放转移网络

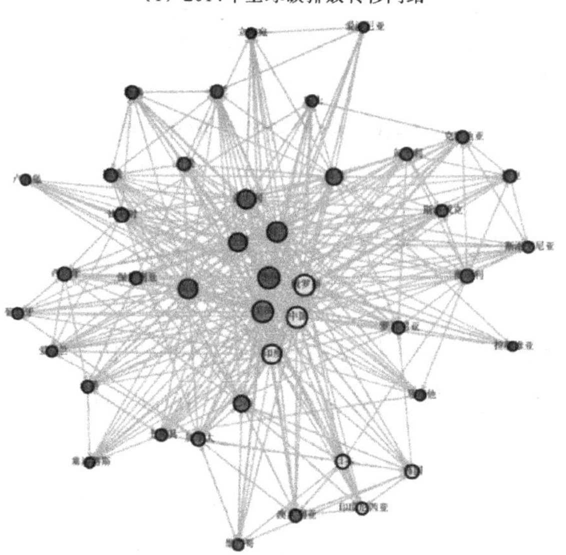

（2）第1000个全球碳排放转移仿真网络

图5－4　2014年全球碳排放转移网络与第1000个全球碳排放转移仿真网络[①]

① 基于度数中心度绘制得到。

进一步对2000—2014年15个真实的观测网络和1000个仿真网络中各国的度数中心度、出度中心度及入度中心度分别进行了测算，相应的均值数据结果见表5-8。可以看到，仿真网络中各国的中心度接近观测网络的中心度。例如，就度数中心度而言，德国、俄罗斯、中国、美国等核心国家在观测网络中的均值分别为52.33、53.60、51.40、51.07，而在仿真网络中的均值分别为52.63、52.17、51.89、50.93，两者数值差异并不大，这也在一定程度上再次验证了仿真网络的可靠性。

表5-8　　观测网络及仿真网络的中心度均值

序号	国家	度数中心度均值		出度中心度均值		入度中心度均值	
		观测网络	仿真网络	观测网络	仿真网络	观测网络	仿真网络
1	澳大利亚	16.27	15.37	5.40	5.19	10.87	10.18
2	奥地利	15.93	17.35	5.47	7.34	10.47	10.01
3	比利时	17.73	20.88	8.40	9.64	9.33	11.24
4	保加利亚	11.87	13.86	1.07	1.42	10.80	12.44
5	巴西	26.67	26.02	16.20	16.10	10.47	9.93
6	加拿大	17.67	18.21	8.93	9.14	8.73	9.07
7	瑞士	10.20	11.75	0.00	0.56	10.20	11.19
8	中国	51.40	51.89	40.40	40.89	11.00	11.01
9	塞浦路斯	11.00	10.75	0.00	0.01	11.00	10.73
10	捷克	18.53	17.24	7.73	6.56	10.80	10.69
11	德国	52.33	52.63	40.80	40.60	11.53	12.02
12	丹麦	17.07	16.86	5.07	4.66	12.00	12.19
13	西班牙	19.20	18.78	8.87	7.58	10.33	11.20
14	爱沙尼亚	11.27	10.94	1.60	1.60	9.67	9.34
15	芬兰	14.27	14.79	2.53	2.01	11.73	12.78
16	法国	42.67	39.48	31.67	27.41	11.00	12.07
17	英国	44.80	37.41	32.00	24.99	12.80	12.43
18	希腊	14.07	14.40	2.27	2.77	11.80	11.63

续表

序号	国家	度数中心度均值		出度中心度均值		入度中心度均值	
		观测网络	仿真网络	观测网络	仿真网络	观测网络	仿真网络
19	克罗地亚	13.07	13.96	1.07	0.84	12.00	13.13
20	匈牙利	14.13	14.74	2.40	3.18	11.73	11.56
21	印度尼西亚	14.40	14.02	5.00	4.97	9.40	9.06
22	印度	26.73	41.54	16.27	31.89	10.47	9.65
23	爱尔兰	11.00	12.10	0.13	0.14	10.87	11.96
24	意大利	35.73	39.10	25.27	27.89	10.47	11.21
25	日本	25.73	21.01	15.00	11.26	10.73	9.75
26	韩国	18.00	18.82	9.00	10.00	9.00	8.82
27	立陶宛	7.33	9.32	1.87	1.21	5.47	8.11
28	卢森堡	9.40	9.90	0.00	0.58	9.4	9.32
29	拉脱维亚	8.60	9.02	0.53	1.34	8.07	7.68
30	墨西哥	10.53	13.19	2.47	4.09	8.07	9.11
31	马耳他	11.27	9.82	0.20	0.01	11.07	9.82
32	荷兰	36.93	43.11	25.67	32.12	11.27	10.98
33	挪威	17.80	16.55	4.93	3.17	12.87	13.39
34	波兰	28.93	30.55	19.20	20.99	9.73	9.56
35	葡萄牙	11.40	12.79	0.33	1.07	11.07	11.72
36	罗马尼亚	16.47	13.56	4.07	0.75	12.40	12.81
37	俄罗斯	53.60	52.17	41.00	40.56	12.60	11.61
38	斯洛伐克	11.93	13.65	3.00	2.31	8.93	11.34
39	斯洛文尼亚	13.27	12.73	1.00	0.89	12.27	11.84
40	瑞典	15.80	16.30	3.33	3.27	12.47	13.03
41	土耳其	16.47	18.28	5.87	6.50	10.60	11.79
42	美国	51.07	50.93	40.27	40.42	10.80	10.51

数据来源：根据 R 软件计算得到。

第四节　本章小结

基于第四章构建的全球碳排放转移网络，本章首先对GVC分工联系、GVC分工地位等GVC相关因素以及其他因素的影响作用进行理论分析，并在GVC分工联系和相对分工地位现状分析的基础上，构建TERGM以实证分析2000—2014年全球碳排放转移网络的影响因素，进一步通过更换估计方法、设置时间间隔、进行ERGM估计、拟合优度检验以及仿真网络分析对所得结论的稳健性进行分析。本章主要得到如下实证分析结论：

第一，两国间GVC分工联系和相对GVC分工地位显著地促进了碳排放转移关系的形成。上述实证分析结论还得到了相关现状分析的支持。另外，在同配性方面，区域经济一体化促进了碳排放转移关系的建立，产生该作用的原因是区域经济一体化下各国的分工联系自然有所加强，这与在GVC分工联系上所得结论相一致；经济发展水平的差异也同样促进了碳排放关系的建立，同为OECD成员国的国家间产生碳排放转移关系的概率反而有所下降，这可视为是相对GVC分工影响作用结论的另一佐证。

第二，除GVC分工相关因素外，发送者的出口规模、出口污染密集度和接收者的对外直接投资、人口规模显著地促进了碳排放转移关系的形成①。相反，两国间地理距离、发送者的全要素生产率和环境规制显著地抑制了碳排放转移关系的形成。上述因素影响作用的符号方向均与理论分析结论相一致，且影响作用均通过了1%水平下的显著性检验。

① 发送者即为碳排放转出国家，接收者即为碳排放转入国家。

第三，全球碳排放转移网络具有显著的多连通性、传递闭合性及不显著的积极性，且碳排放转移关系随时间的推移趋于稳定。其中，在结构依赖性方面，多连通性和传递闭合性的作用均显著为正，上述作用与GVC分工特征存在密切关系。

总之，影响全球碳排放转移的因素并不单一，不仅包括GVC分工联系、相对GVC分工地位等国家间的“关系”变量，还包括出口规模、环境规制、对外直接投资等属性变量，这在TERGM方法中均能进行经验检验，而这在传统的QAP回归分析中难以实现①。关于全球碳排放转移网络影响因素的实证分析结论，有助于更好地理解不同国家（地区）在GVC分工下碳排放转移特征，能够为后续提出中国对策选择提供重要的经验依据。

① QAP回归分析侧重研究关系之间的关系，无法考察发送者和接收者属性的影响作用（刘军，2019）。

第六章　基于碳达峰目标的中国对策选择

第一节　碳达峰国家的经验借鉴

一、已实现碳达峰的国家情况

2021 年 10 月 24—27 日，中国先后公开发布了《中共中央 国务院关于完整准确全面贯彻新发展理念做好碳达峰碳中和工作的意见》《2030 年前碳达峰行动方案》《中国应对气候变化的政策与行动》白皮书①，后续又于 2021 年 11 月 7 日发布了《中共中央 国务院关于深入打好污染防治攻坚战的意见》。如此密集发布关于实现“双碳”目标、应对气候变化的重量级政策文件，彰显了中国对实现“双碳”目标的高度重视。相对于到 2060 年实现碳中和的长期目标，2030 年前实现碳达峰目标更为紧迫，这也是为何从国家层面率先制定和发布《2030 年前碳达峰行动方案》的原因所在。据此，关于中国对策选择的探讨将主要基于碳达峰目标展开。

中国早在 2014 年 11 月 12 日的《中美气候变化联合声明》中提出，

---

① 中华人民共和国中央人民政府网站分别于 2021 年 10 月 24 日和 2021 年 10 月 26 日公开发布《中共中央 国务院关于完整准确全面贯彻新发展理念做好碳达峰碳中和工作的意见》和《2030 年前碳达峰行动方案》（国发〔2021〕23 号），国务院新闻办公室网站又于 2021 年 10 月 27 日公开发布《中国应对气候变化的政策与行动》白皮书。

计划2030年左右CO_2排放达到峰值且将努力早日达峰。上述碳达峰目标在2015年6月的《强化应对气候变化行动——中国国家自主贡献》得到了明确，并在2015年的气候变化巴黎大会上再次得到强调。中国确定到2030年左右碳达峰的自主行动目标，是根据自身国情、发展阶段、可持续发展战略所制定，也体现出中国作为最大碳排放国家的国际责任担当。与中国仍在为实现碳达峰目标努力不同，世界上有部分国家已实现了碳达峰，这些国家的发展经验值得中国借鉴。

根据世界资源研究所（World Resources Institute，WRI）在2017年发布的研究报告①，到2010年已有49个国家实现了碳达峰，占全球碳排放总量的36%，另外还有4个国家承诺到2020年实现碳达峰，碳达峰国家情况见表6－1。如表所示，在1990年及以前已实现碳达峰的国家有19个，除德国、俄罗斯等主要经济体外，其他国家的经济与碳排放规模相对较小；1991—2000年，法国、英国等G7国家也相继实现了碳达峰；2001—2010年，美国、意大利、加拿大等G7国家实现了碳达峰。值得一提的是，从已实现碳达峰的国家来看，欧盟27个国家均实现了碳达峰，包括在1990年及以前的9个国家、1991—2000年的9个国家、2001—2010年的8个国家以及承诺到2020年实现的马耳他②。可见，欧盟国家在控制碳排放增长方面处于世界领先地位。此外，日本、新西兰、韩国等国家承诺到2020年实现碳达峰。总的来看，已实现碳达峰国家主要以发达国家为主，其中欧盟国家均已实现了碳达峰，同时也包括一些经济规模较小的国家。

① 该报告题为《Turning Points：Trends in Countries' Reaching Peak Greenhouse Gas Emissions over Time》，作者为Kelly Levin和David Rich。

② 27个国家不包括已退出欧盟的英国，该国也于1991年实现了碳达峰。另外，根据Wind数据库显示，欧盟27国整体在1990年实现了碳达峰，排放量峰值约为44亿吨。

表 6 - 1　　已实现碳达峰的国家情况

碳达峰时间	碳达峰国家	每年占全球排放量比例（累积）	国家数量（累积）
1990 年及以前	阿塞拜疆、白俄罗斯、保加利亚、克罗地亚、捷克、爱沙尼亚、格鲁吉亚、德国、匈牙利、哈萨克斯坦、拉脱维亚、摩尔多瓦、挪威、罗马尼亚、俄罗斯、塞尔维亚、斯洛伐克、塔吉克斯坦、乌克兰	21%（占 1990 年排放量）	19
1991—2000 年	法国（1991）、立陶宛（1991）、卢森堡（1991）、黑山共和国（1991）、英国（1991）、波兰（1992）、瑞典（1993）、芬兰（1994）、比利时（1996）、丹麦（1996）、荷兰（1996）、哥斯达黎加（1999）、摩纳哥（2000）、瑞士（2000）	18%（占 2000 年排放量）	33
2001—2010 年	爱尔兰（2001）、密克罗尼西亚（2001）、奥地利（2003）、巴西（2004）、葡萄牙（2005）、澳大利亚（2006）、加拿大（2007）、希腊（2007）、意大利（2007）、西班牙（2007）、美国（2007）、圣马力诺（2007）、塞浦路斯（2008）、冰岛（2008）、列支敦士登（2008）、斯洛文尼亚（2008）	36%（占 2010 年排放量）	49
2011—2020 年	日本、马耳他、新西兰、韩国	40%（占 2010 年排放量）	53

注：（1）资料来源于 Levin 和 Rich（2017）；（2）2011—2020 年为承诺在此阶段实现碳达峰的国家；（3）括号内年份为相应国家实现碳达峰的年份。

二、代表性碳达峰国家的特征分析

由于考察的碳排放转移时间区间为 2000—2014 年，将选择 2001—

2010年实现碳达峰的国家作为代表性国家进行特征分析，以期总结得到GVC分工下的碳减排经验。限于篇幅，本书选择加拿大、希腊、意大利、西班牙、美国等在2007年实现碳达峰国家为典型代表（以下简称“五国”），具体分析这五国的碳排放净转移规模等方面的发展特征。

（一）碳排放净转移规模

首先关注到五国在实现碳达峰后（即2008—2014年）的碳排放净转移情况，以期分析碳排放下降阶段的碳排放转移情况。从表6-2可以看出，2008—2014年，除加拿大外，其余四国均处于碳排放净转入地位，其中美国的碳排放净转入规模最大为5219.18Mt。处于碳排放净转入地位，意味着这些国家通过参与GVC分工，能够在满足国内消费需求的前提下实现对外贸易发展领域的碳减排。出现上述现象的原因在于，这些国家会更多地消费国外生产的中间品或最终品以满足国内需求，而这部分消费并不会增加国内的碳排放，而是将碳排放留在了增加值来源国。加拿大主要处于碳排放净转出地位，净转出规模达447.10Mt，表明其参与GVC分工反而加剧了国内的碳排放①。不难发现，导致加拿大处于碳排放净转出地位的最为关键的原因在于对美国的碳排放净转出规模过大，若不考虑对美国493.68Mt的碳排放净转出，加拿大其实也是处于碳排放净转入地位。

此外，不同国家（地区）间的GVC分工联系对各国（地区）的碳排放净转入产生了重要的影响。同样根据表6-2，五国中净转移绝对规模位列前五位的国家（地区）均是其主要的贸易伙伴，相互间的GVC分工联系均较为紧密，以加拿大和美国的相互关系为典型。换言之，GVC分

① 由于加拿大是2007年实现碳达峰，即在2007年后国内碳排放呈下降趋势，说明其在对外贸易发展领域外的其他领域实现了更大规模的碳减排，从而能够抵消在对外贸易发展领域产生的碳排放增长。

工联系的加强会对碳排放转移规模的扩大产生正向影响，这个影响在第五章中也得到了经验验证。

根据以上分析可知，在实现碳达峰后，一国可以通过参与 GVC 分工，在不影响国内消费需求的前提下实现碳减排，而这会伴随着全球碳排放的转移过程。那么，该国为何会实现碳达峰，其实现碳达峰目标过程中有哪些值得关注的发展特征？对此，本书将从分行业碳排放强度、出口结构低碳化水平、低碳技术创新水平以及环境规制强度等方面进行深入剖析。

表 6－2　　2008—2014 年五国碳排放净转移情况（Mt）

国家	转入规模	转出规模	净转入规模	净转移绝对规模前五大国家（地区）
加拿大	1424.07	1871.17	－447.10	美国（－493.68）、日本（－40.65）、法国（－19.74）、英国（－19.55）、德国（－11.39）
希腊	306.41	117.22	189.19	俄罗斯（33.60）、中国（28.85）、德国（9.59）、意大利（9.05）、荷兰（7.43）
意大利	1779.67	1077.61	702.05	俄罗斯（172.88）、中国（140.91）、荷兰（41.82）、中国台湾（36.62）、德国（31.21）
西班牙	1081.21	822.25	258.96	中国（98.13）、俄罗斯（64.02）、荷兰（21.98）、中国台湾（20.24）、印度（13.74）
美国	9144.79	3925.60	5219.18	中国（1264.55）、加拿大（493.68）、俄罗斯（394.63）、中国台湾（227.66）、巴西（202.63）

注：（1）负值代表处于碳排放净转出地位；（2）括号内数值为与对应国家（地区）的碳排放净转移量。

（二）其他方面发展特征

1. 分行业碳排放强度

为保持数据的一致性，本书根据 WIOD 提供的 CO_2 排放和产出数据计算得到了 2000 年和 2007 年五国分行业碳排放强度，具体见表 6－3。

表 6-3　2000 年和 2007 年五国分行业碳排放强度情况（kt/百万美元）

分行业	加拿大	希腊	意大利	西班牙	美国
2000 年					
初级产业	0.50	0.04	0.04	0.04	0.24
劳动密集型制造业	0.10	0.15	0.06	0.09	0.10
资本密集型制造业	0.55	0.73	0.36	0.38	0.38
知识密集型制造业	0.17	0.20	0.09	0.11	0.15
服务业	0.28	0.56	0.14	0.23	0.28
2007 年					
初级产业	0.47	0.17	0.13	0.12	0.21
劳动密集型制造业	0.08	0.07	0.03	0.03	0.07
资本密集型制造业	0.32	0.34	0.17	0.16	0.25
知识密集型制造业	0.11	0.10	0.04	0.06	0.09
服务业	0.14	0.23	0.08	0.10	0.19

可以看出，资本密集型制造业在五国中均是碳排放强度最高的行业，表明该行业单位产出的碳排放水平最高。除资本密集型制造业外，不同国家碳排放强度位列第二位的行业各有不同，且在 2000 年和 2007 年也有所不同。另外，通过对比 2000 年和 2007 年，可以发现仅希腊、意大利、西班牙的初级产业碳排放强度有所提升，其他所有行业的碳排放强度均有不同程度的下降。

在 GVC 分工体系下，一国在进行产品生产时可从全球范围内按照一定的标准寻找合适的分工伙伴进行分工协作。例如，为降低所生产产品的成本而获得更高的市场竞争力，一国在生产某一产品时会在全球范围内寻找特定生产环节中所需成本相对较低的分工伙伴。同理，一国是否可以通过寻找特定生产环节中产生碳排放相对较低的分工伙伴，从而降低国内乃至全球范围的碳排放？为此，考察了五国不同分行业的碳排放强度和 GVC 分工下接受碳排放转移的占比情况（如图 6-1 所示）。

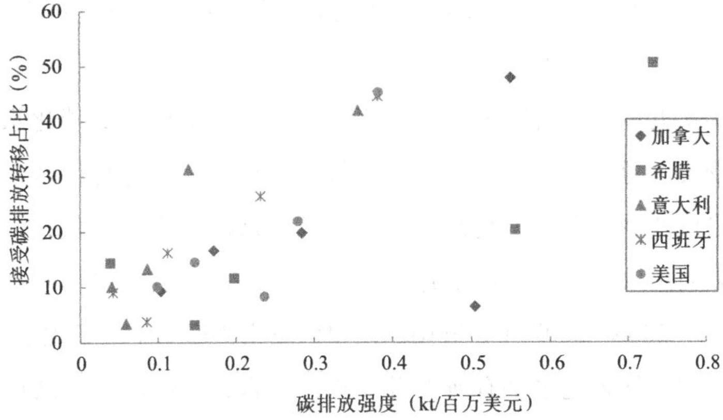

（a）2000年

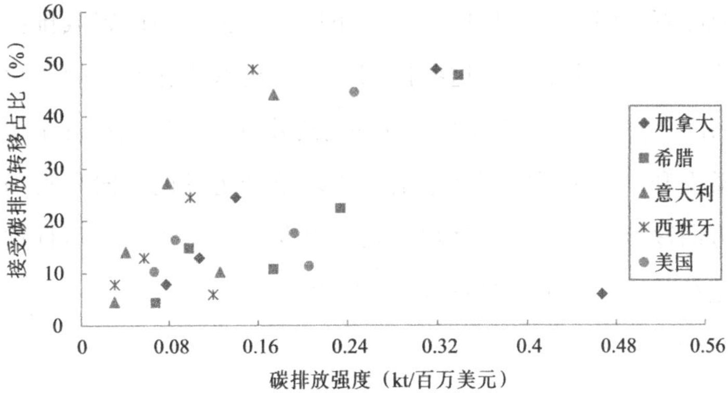

（b）2007年

图6－1　2000年和2007年五国分行业碳排放强度与接受碳排放转移占比关系

可以看出，分行业的碳排放强度和接受碳排放转移占比呈现出一定的正相关关系①。上述正向关系表明，一国在特定行业上的碳排放强度越高，在该行业上从国外转入的碳排放水平也会越高。换言之，一国若在某一行业（环节）生产上会产生较高水平的碳排放，其会倾向于借助GVC分工体系寻找在该行业（环节）生产上碳排放水平较低的国家进行

① 根据Stata软件的测算，2000年和2007年五大分行业碳排放强度和接受碳排放转移占比的相关系数分别为0.687和0.432，且分别通过1%和5%的显著性检验。

替代生产，从而在该行业（环节）上会具有较高接受碳排放转移的水平。

2. 出口结构低碳化水平

借助第五章中的出口污染密集度来衡量出口结构的低碳化水平。出口污染密集度通过出口隐含碳排放量与出口规模之比进行衡量，取值越高表明出口产品的含碳量越高，即出口结构低碳化水平越低；反之，取值越低表明出口产品的含碳量越低，即出口结构低碳化水平越高。如图6－2所示，2000—2007年，五国的出口污染密集度水平均呈现下降趋势，表明出口结构低碳化水平有所上升。相比而言，美国的出口结构低碳化水平最高，而希腊的出口结构低碳化水平最低。出口结构低碳化水平的提升，意味着一国单位出口的碳排放下降，这会对国内碳减排甚至碳达峰产生积极影响。事实上，这些国家出口结构低碳化水平的变化与其参与GVC分工密不可分。随着经济发展的逐步深入，以及在分工体系中地位的日益提升，上述国家所从事的分工环节会更倾向于向高附加值低碳排放的方向逐步发展，从而使出口污染密集度显著下降，而且这种积极的发展趋势并不会以牺牲贸易增长为代价。

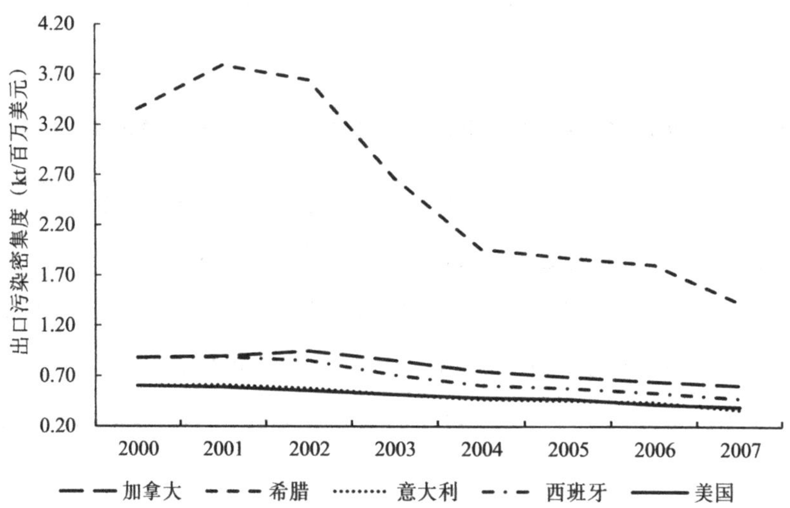

图6－2　2000—2007年五国出口污染密集度变化趋势

3. 低碳技术创新水平

使用低碳专利来衡量各国的低碳技术创新水平，具体参考 Wang 等（2020）的做法，使用了 IncoPat 全球专利数据库提供的专利 CPC（Cooperative Patent Classification，联合专利分类）号中的 Y02 部作为筛选依据[①]。根据 CPC 专利分类体系，Y 部是由于新技术发展而产生的跨域，其是对其他 A 至 H 八个大类的补充标记。其中，Y02 类标记了缓解或适应气候变化的技术或应用，涵盖了 Y02A、Y02B、Y02C、Y02D、Y02E、Y02P、Y02T 和 Y02W 八个子类[②]。除 Y02A 与适应气候变化有关外，其他七个子类均与碳减排直接相关，仅是所涉及的领域不同。根据表 6－4 所示的 Y02 专利授权数统计数据，可以发现以下几个特征：第一，在 2000—2007 年，五国的 Y02 专利授权数均呈现上升趋势，表明各国的低碳技术水平均在提升；第二，美国的 Y02 专利授权数远高于其他国家，与其作为全球第一大经济体、科技强国的地位相符；第三，除美国外，加拿大的 Y02 专利授权数最高，表明该国的低碳技术创新水平相对较高；从增长幅度来看，希腊的 Y02 专利授权数增长幅度最大，增长近 436.36%，但该国的授权数量最小，表明其快速增长与其低碳技术创新发展相对滞后有关。可见，五国在低碳技术创新水平上的提升，尤其是相关减排技术的创新发展，能够为其生产过程中实现碳减排提供技术支持和发展空间，这也会对实现碳达峰产生积极的影响。

表 6－4　　2000—2007 年五国 Y02 专利授权数（项）

国家＼年份	2000	2001	2002	2003	2004	2005	2006	2007
加拿大	515	627	604	758	776	770	742	744

① IncoPat 全球专利数据库网址为：https：//www. incopat. com/。

② Y02 中八个子类的具体内容可见附录 C。

续表

国家＼年份	2000	2001	2002	2003	2004	2005	2006	2007
希腊	22	27	18	49	42	45	93	118
意大利	468	421	450	488	488	516	508	521
西班牙	274	297	247	284	294	440	516	668
美国	7547	8270	9104	9518	9802	10706	11310	12677

数据来源：IncoPat 全球专利数据库。

4. 环境规制强度

根据第五章的实证分析结论，环境规制强度的上升会在一定程度上抑制碳排放转移。据此，在图 6－3 中报告了五国在 2000—2007 年的环境规制强度变化趋势，可以发现总体上各国的环境规制强度均呈现出上升趋势。其中，美国和意大利的环境规制强度相对最大，而西班牙的环境规制强度最低。在变化幅度方面，希腊环境规制强度的上升幅度最大，

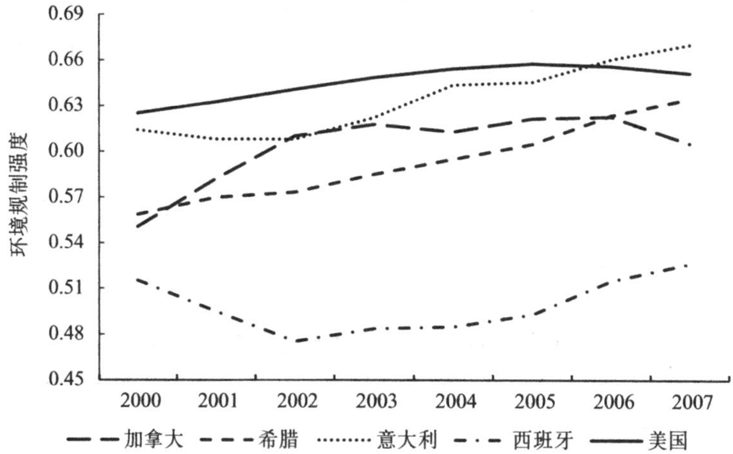

图 6－3　2000—2007 年五国环境规制强度变化趋势[①]

① 环境规制强度的衡量方式与第五章相同。

为 12.63%，其次是加拿大的 10.00% 和意大利的 9.27%，美国和西班牙环境规制上升幅度最小，仅为 4.31% 和 2.19%。虽然上升幅度有所区别，但五国国内环境规制强度的提升在一定程度上限制了国内生产过程中产生的碳排放规模，这同样会对国内实现碳减排以及碳达峰产生积极影响。

三、GVC 分工下的碳减排经验

综合上述 5 个代表性碳达峰国家的特征分析，同时结合第五章基于 TERGM 实证分析结论，主要总结出以下四个方面的碳减排经验，具体包括：

第一，深度参与 GVC 分工，在全球范围内寻找低碳生产环节，降低产品生产过程中的碳排放。在 GVC 分工体系下，一国不仅可以为降低生产成本进行全球范围内的分工协作，同样可以为实现产品生产中的碳减排进行合理的分工布局。对于要素禀赋、技术水平等方面的差异，不同国家在不同分工环节生产中的碳排放水平有所差异，可以通过 GVC 分工体系在全球范围内寻找相对低碳的生产者从事不同分工环节的生产，从而可以降低产品生产过程中的碳排放。

第二，提升 GVC 分工地位，从事更为低碳的分工环节，实现出口结构的低碳化发展。一国出口结构的低碳化发展，与其国内的产业结构和贸易结构是否低碳化有关，而这取决于该国在 GVC 分工中所处的分工地位和从事的分工环节。当一国处于较低的 GVC 分工地位时，其多从事相对低附加值和高碳排放的分工环节，此时其出口结构多呈现出高碳排放特征，不仅使得国内生产碳排放处于较高水平，也同时伴随着大规模的碳排放转出。为了扭转这个不利局面，提高 GVC 分工地位是一个可行的发展路径，这会使得出口结构低碳化水平有所提升，进而降低国内碳排放水平。根据潘安和戴岭（2020）的测算，2000—2014年美国的GVC分工地位长期处于第一位，这也是为何其会成为全球范围内最大的碳排放净转入国家①。

第三，鼓励低碳技术创新，通过提升技术水平为实现生产过程中碳减排目标提供技术保障。低碳技术创新的发展，对实现碳减排的作用毋庸置疑。以美国为例，根据IncoPat全球专利数据库提供的数据，2000—2014年该国Y02专利授权数总计约20.5万项，仅次于日本，位列全球第二。美国较高的低碳技术创新能力，有助于激发产品生产各个环节中的碳减排潜力，进而助力其实现碳达峰目标。同样地，日本领先的低碳技术创新水平使其早在20世纪80年代前期就实现了经济增长与碳排放的脱钩（薛进军，2021），而这也对其实现承诺的碳达峰目标产生了积极作用。

第四，提升环境规制强度，对出口和进口产品施以更为严格的环境标准，倒逼生产过程实现碳减排。在出口方面，环境规制强度的提升会对企业生产过程中的碳排放进行更为严格的限制，会促使国内企业在生产过程中积极探索和满足碳减排要求。在进口方面，更为严格的环境标准，会对进口产品生产过程中的碳排放水平进行要求，这会倒逼进口企业的碳减排行为。因此，如果全球范围内各国的环境规制强度均有所提升，那么在GVC分工体系下作为出口国和进口国双重身份的任一国家，都会因更为严格的环境标准、政策要求等促使企业减少生产中的碳排放。

① 不同国家的碳排放净转入情况可见表3-8。

第二节　GVC 分工下中国碳排放转移的特征分析

一、碳排放转移的规模变化趋势

根据第三章的分析可知，2000—2014 年，中国是全球最大的对外碳排放转移国家和第二大接受碳排放转移国家，同时又是碳排放净转移规模最大的国家，中国在全球碳排放转移中所处地位非常重要。基于此，进一步对中国碳排放转移规模的变化趋势进行更为深入的分析，以期为后续提出对策选择提供现实依据。根据图 6 - 4 所示的变化趋势，2000—2014 年中国对外碳排放转移和接受碳排放转移规模均在波动中呈现出一定的上升趋势。具体来看，2000—2007 年中国对外碳排放转移和接受碳排放转移规模呈现出快速增长的变化态势，但因遭遇 2008—2009 年国际金融危机而出现短暂的下滑；此后的 2009—2014 年，对外碳排放转移规模随着出口增长的恢复又重新呈增长趋势，而接受碳排放转移规模则保持相对平稳的变化。与对外碳排放转移和接受碳排放转移规模变化趋势不同，中国碳排放净转出规模基本呈现出逐年递增的变化趋势，反映出无论是处于外贸规模快速增长时期还是遭遇外贸规模下降的特殊阶段，中国向国外净转出的碳排放始终在增长，与中国递增的碳排放变化趋势保持一致。根据 IEA 统计数据，2000—2014 年中国 CO_2 排放总量从 3138.1Mt 上升至 9270.6Mt，涨幅为 195.42%；同期内，根据测算，中国碳排放净转出规模从 172.09Mt 上升至 540.44Mt，涨幅更是高达 214.04%。碳排放净转出规模占中国 CO_2 排放总量的占比从 2000 年的 5.48% 上升至 2014 年的 5.83%，表明更多占比的国内碳排放对外净转出

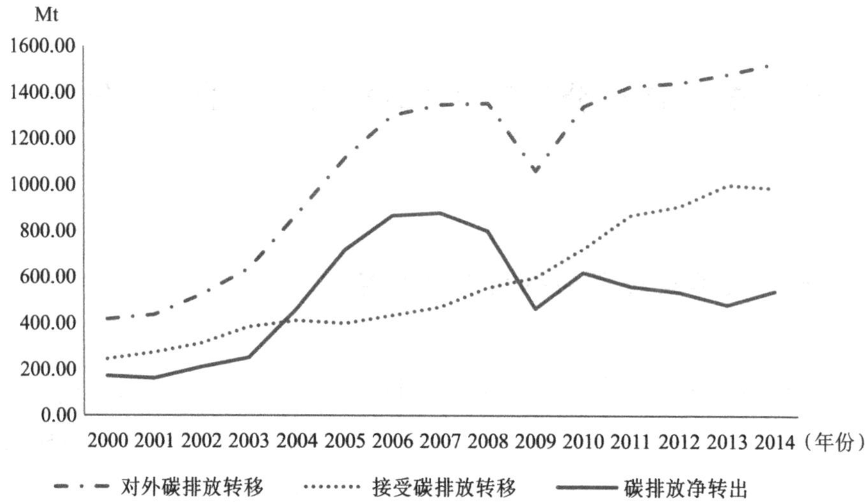

图 6-4　2000—2014 年中国碳排放转移规模变化趋势

被用于满足国外需求。

中国持续增长的碳排放转移规模到底与哪些国家有关，又涉及哪些行业？为回答上述问题，本书进一步关注到碳排放转移的区域分布特征和行业结构特征。

二、碳排放转移的区域分布特征

表 6-5 报告了 2000—2014 年中国对外碳排放转移和接受碳排放转移的区域分布。在对外碳排放转移方面，G7 国家是中国最为主要的对外碳排放转移区域，2000—2014 年的碳排放转移规模高达 6884.91Mt，远高于其他各大区域，反映出传统发达国家仍是中国对外碳排放转移的主要目的地。中国对金砖国家、新钻国家的碳排放转移规模呈现出明显的上升趋势，这与中国与上述两大区域内国家间的分工联系明显加强有关。在接受碳排放转移方面，中国从各大区域接受的碳排放规模均在上升。除 RoW 外，G7 国家是中国接受碳排放转移最为主要的来源区域，但平均每

个 G7 国家对中国的碳排放转移规模仅为 283.81Mt，低于平均每个金砖国家对中国碳排放转移规模[①]。可见，中国接受来自传统发达国家的碳排放转移规模并不大，这与中国对其转出最大规模的碳排放形成鲜明对比。造成上述不对等差异的关键在于中国与这些传统发达国家在经济发展水平、分工地位、国内产业结构以及低碳技术等方面的差异。

表 6－5　2000—2014 年中国碳排放转移的区域分布（Mt）

分区域	2000—2005 年	2006—2010 年	2011—2014 年	2000—2014 年
对外碳排放转移的去向区域				
G7 国家	2032.52	2735.60	2116.79	6884.91
金砖国家	196.09	467.71	519.70	1183.50
新钻国家	357.12	570.86	577.59	1505.58
其他区域	472.81	816.12	670.74	1959.66
RoW	941.96	1812.50	1995.32	4749.79
接受碳排放转移的来源区域				
G7 国家	488.18	690.51	807.98	1986.67
金砖国家	380.63	447.45	533.80	1361.89
新钻国家	200.85	242.79	297.06	740.70
其他区域	335.58	459.52	631.50	1426.60
RoW	619.94	934.30	1494.02	3048.26

三、碳排放转移的行业结构特征

如表 6－6 所示，2000—2014 年中国碳排放转移主要呈现出以下几个行业结构特征：第一，资本密集型制造业不仅是对外碳排放转移规模最

① 根据测算，中国来自其他三个金砖国家的碳排放转移平均为 453.96Mt。

大的行业，也是接受碳排放转移规模最大的行业，碳排放转移规模远大于其他行业。第二，对外碳排放转移主要在制造业和服务业，在初级产业上的对外碳排放转移最低，占比仅为1.53%。第三，接受碳排放转移中劳动密集型制造业的占比最低，仅为5.34%，服务业是仅次于资本密集型制造业的第二大行业，知识密集型制造业的占比也相对较高。第四，除资本密集型制造业外，其他四大行业在2011—2014年对外碳排放转移中未呈现明显的增加趋势甚至有所下降；与之不同，五大行业接受碳排放转移规模在三个阶段均有所上升。

表6－6　　2000—2014年中国碳排放转移的行业结构

行业	2000—2005年	2006—2010年	2011—2014年	2000—2014年
对外碳排放转移				
初级产业	99.72	86.87	61.82	248.41
劳动密集型制造业	518.91	894.57	617.50	2030.98
资本密集型制造业	1830.07	2899.52	3063.01	7792.60
知识密集型制造业	889.38	1592.08	1371.84	3853.30
服务业	662.42	929.75	765.98	2358.15
接受碳排放转移				
初级产业	209.55	395.75	480.23	1085.53
劳动密集型制造业	79.67	142.66	235.03	457.36
资本密集型制造业	1030.01	1201.64	1693.86	3925.51
知识密集型制造业	425.97	528.63	575.23	1529.83
服务业	279.98	505.90	780.01	1565.89

不难看出，中国碳排放转移的行业结构与中国的要素禀赋结构、贸易优势密切相关。例如，由于中国是世界上工业体系最健全的国家，导致其在制造业上的对外碳排放转移规模最大，以资本密集型制造业为典型；凭借中国相对丰裕且廉价的劳动力要素资源，劳动密集型制造业在

中国出口中具有一定贸易优势，所以该行业对外碳排放转移规模相对较大，而在接受碳排放转移中并不大；相对于制造业发展，中国服务业发展相对滞后，所以服务业接受碳排放转移的占比（18.28%）会高于对外碳排放转移的占比（14.48%）。

为了考察中国是否也会借助 GVC 分工降低不同分工环节的碳排放水平，本书测算了中国 2000 年和 2007 年五大分行业碳排放强度与接受碳排放转移占比的相关系数。结果显示，2000 年和 2007 年的相关系数为 0.745 和 0.764，但均未通过显著性检验，表明两者不存在显著的相关性。可见，与加拿大等 5 个同时在 2007 年实现碳达峰的国家不同，中国在 2000 年和 2007 年分行业碳排放强度大小与其接收的碳排放转移规模无关。这表明中国并未充分利用 GVC 分工寻找不同生产环节上较为低碳的国家进行分工合作，所以其价值链分工环节仍存在减排空间。

综上，中国在 2000—2014 年的碳排放转移特征可以归纳为以下三点：其一，中国碳排放转移规模整体呈上升趋势，碳排放净转出规模占国内碳排放比重有所上升；其二，对外碳排放转移主要集中于传统发达国家，但从其转入的碳排放规模相对较小，中国成为这些发达国家主要的碳排放净转入来源；其三，资本密集型制造业是对外碳排放转移和接受碳排放转移规模最大的行业，中国的要素禀赋结构、贸易优势对碳排放转移的行业结构特征产生了重要影响。的确，与已实现碳达峰的国家相比，中国仍存在借助 GVC 分工实现碳减排的空间。

第三节　GVC 分工下中国实现碳达峰的对策选择

一、扩大低碳产品与节能环保服务进口

改革开放以来，中国始终是贸易自由化坚定的支持者，参与 GVC 分工的程度也在逐渐加深。中国借助 GVC 分工体系加强了与其他国家的分工与贸易联系，取得了贸易规模的高速持续增长，但同时也伴随着贸易引起碳排放和国内碳排放规模的不断增长。从当前发展状况来看，中国在参与 GVC 分工中更多地注重发挥分工协作带来的成本优势与经济效应，如何借助 GVC 分工实现碳减排仍存在不足。中国具有世界上最健全的工业体系，但并非所有产业都是低碳密集型产业，高碳密集型产业生产引起的碳排放增长不可忽视。根据前文中关于碳达峰国家碳减排经验的分析，中国仍存在深度参与 GVC 助力实现碳达峰目标的发展空间。对此，扩大低碳产品与节能环保服务进口是其中的关键。

众所周知，产品内分工是 GVC 分工的重要特征之一，一个产品的生产并不局限于在一个国家内完成，而是可以在多国间通过分工协作共同完成。那么，中国在任一产品生产过程中，当某些生产环节具有高碳密集型特征时，可以在全球范围内寻找相同生产环节中碳排放相对较低的国家，与其共同完成产品生产过程。此时，中国会从分工协作国家进口相对低碳的产品以替代国内生产，进而实现碳减排。同样地，当中国在某些产品生产上具有低碳密集型特征，其可与其他相对高碳国家进行分工协作，从而降低不同产品生产的总碳排放水平。当中国与更多的国家按上述分工思路与模式进行协作生产时，可以形成一个低碳的 GVC 分工网络，相互间的分工与贸易活动不仅为出口增长提供了支撑，也为实现

碳减排提供了保障。

此外，扩大节能环保服务进口能够服务于中国国内生产过程中实现更大程度的节能减排。早在2013年发布的《国务院关于加快发展节能环保产业的意见》中就提到了“支持节能环保产业‘走出去’和‘引进来’”，其中包括引进先进的节能环保关键技术和设备。因此，中国应继续按照上述“引进来”的发展思路，借助GVC分工体系和区域全面经济伙伴关系协定（RCEP）等自由贸易协议，扩大节能环保服务进口，依靠先进的环保服务理念与技术，使其在产品生产中充分发挥节能减排的积极作用。

二、提升分工地位与构建低碳贸易体系

在GVC分工体系下，中国构建低碳贸易体系的核心内容是大力发展高附加值且低碳排放产品贸易，能够缓解存在的贸易利益与环境代价失衡问题，而实现这个目标的关键在于提升自身的分工地位。由于处于价值链分工相对低端的分工地位，中国制造业参与GVC的确存在一定的“低端锁定”效应（吕越等，2018），导致中国多从事低附加值与高碳排放的生产环节，虽然得到了一定规模的贸易利益，但也付出了不可忽视的碳排放代价。因此，随着中国经济、技术、国际地位等的逐渐提升，中国应该积极寻求从被动参与GVC分工到主动引领GVC分工，从产业结构优化升级驱动分工地位提升，通过建立低碳产业体系推动构建低碳贸易体系。对中国而言，发展战略性新兴产业是建立低碳产业体系的重要内容。例如，发展新能源、新能源汽车、绿色环保等战略性新兴产业，均有助于推动传统产业的绿色低碳改造，进而服务于全面建立低碳产业系统。

需要注意的是，美国凭借着自身的经济与先进技术发展优势，仍是

现有 GVC 分工体系的主导者，尤其是高技术产业 GVC 分工的主导和引领者，这在短时期内难以改变。那么，中国寻求引领区域价值链分工推动构建低碳贸易体系成为一个可行的发展方案，此时建设绿色“一带一路”将会是重要的发展契机。2017 年 4 月，环境保护部等四部委联合发布了《关于推进绿色“一带一路”建设的指导意见》，其中提出的发展目标包括“构建互利合作网络、新型合作模式、多元合作平台”。在 2021 年 11 月发布的《“十四五”对外贸易高质量发展规划》中，也提到要加强与重点市场和共建“一带一路”国家等合作，扎实开展绿色低碳贸易合作，包括深化节能环保、清洁等领域技术装备和服务合作。的确，在经济全球化日益深入的当下，中国提出共建“一带一路”是引领区域价值链分工的重要实践，也是重塑 GVC 分工并提升分工地位的重要途径（黄先海和余骁，2017）。建设绿色“一带一路”将是中国同时实现提升 GVC 分工地位和碳减排目标重要且可行的发展内容，通过分工合作促进出口结构低碳化发展，由此而得的区域发展经验也值得被推广至更为广泛的全球合作层面。

三、加强前沿低碳技术研发与合作

中国已在低碳技术创新发展上取得了较快的发展。同样来自 IncoPat 全球专利数据库提供的数据，2000—2014 年中国 Y02 专利授权数总计约 12.1 万项，仅次于日本、美国，位列全球第三。然而，2000 年，中国 Y02 专利授权数仅为 504 项，数量低于日本、美国、德国、韩国、法国、英国、俄罗斯、加拿大、瑞典等诸多国家①。所以，中国应保持低碳技术创新快速发展势头，尤其在前沿技术研发方面，这将在中国如期实现碳

① 2000 年日本、美国、德国的 Y02 专利授权数分别为 13165 项、7547 项、4044 项，足以反映出中国与这些发达国家的低碳技术创新水平存在巨大差距。

达峰目标上发挥至关重要的作用。一方面，中国应提高低碳技术基础研究的自主研发水平，推进零碳工业流程再造等低碳前沿技术攻关。另一方面，上述低碳技术的应用与推广也尤为关键，大力推进先进低碳技术走出实验室走进产业生产，使其在价值链生产过程中发挥出有效且积极的碳减排作用。

除自主研发外，低碳技术国际合作对中国实现碳中和也将起到重要作用。近年来，中美经贸摩擦受到关注，可以注意到，美国在 2018 年 3 月发布的“301 条款”报告就明确指出其国内企业与中国合资企业伙伴间存在强制技术转让，为此要对中国加征额外关税。在美国等国家无端指责和技术封锁的现实背景下，中国更应充分借助 GVC 分工体系，加强与分工协作国家在低碳技术创新研发与应用上的国际合作，实现分工生产与技术合作的协同发展。根据《2030 年前碳达峰行动方案》，中国将与其他国家在可再生能源、储能、氢能、二氧化碳捕集利用与封存等领域积极开展低碳技术合作。因此，中国需积极将上述领域的技术合作与创新成果应用于分工生产的各个环节，实现分工生产的低碳转型，进而助推中国建立低碳产业体系、构建低碳贸易体系以及尽早实现碳达峰的碳减排目标。

四、严控高耗能高排放产品生产与出口

在中国实现碳中和目标的发展过程中，高耗能高排放产品生产与出口无疑是一个重要的制约因素，而这需要通过更严格的环境规制加以控制。对此，中国已采取了一些政策措施。例如，在淘汰落后产能方面，中国较早地在 2010 年发布《国务院关于进一步加强淘汰落后产能工作的通知》，目标在于满足加快节能减排、积极应对全球气候变化的迫切需要。从《2030 年前碳达峰行动方案》和《中国应对气候变化的政策与行

动》白皮书制定的重点任务来看，中国仍然坚持严格控制高耗能高排放项目盲目扩张和加快在工业领域退出落后产能，并将其作为抓好碳达峰等工作的当务之急和重中之重。事实上，严控高耗能高排放产品生产、出口与前述的提升分工地位具有紧密联系，寻求在 GVC 分工体系下建立低耗能低排放产业的分工优势，否则相关项目的控制和落后产能的淘汰会对经济发展产生不可忽视的负面影响。

然而，采取上述应对措施的关键不仅在于制定严格的环境规制，更需要在政策执行上给予高度关注。其中，碳达峰标准计量体系的建立和统计监测能力的建设尤为重要。在建立碳达峰标准计量体系方面，应凭借全球市场地位提升的影响力积极推动不同行业领域参与相关国际标准制定，确保国内标准与国际标准相对接，使得中国的碳达峰成就得到国际认可。在统计监测能力方面，应完善 CO_2 等温室气体的排放统计核算体系，尤其体现在高耗能高排放行业领域。同时，注重通过提升信息化实测水平满足各个领域的监测核算需求，包括工业碳排放信息化监测系统和生态系统碳汇监测核算体系，这在实现长期碳中和目标中也发挥着重要作用。

第四节　本章小结

在第五章全球碳排放转移网络影响因素的实证分析基础上，本章试图根据已实现碳达峰国家的特征分析，从参与 GVC 分工、提升 GVC 分工地位、鼓励低碳技术创新以及提升环境规制强度四个方面对 GVC 分工下的碳减排经验进行总结梳理，并结合 GVC 分工下中国碳排放转移的特征分析，提出基于碳达峰目标的中国对策选择。

本章选取 2007 年实现碳达峰的五国作为代表性国家，分别从碳排放净转移规模、分行业碳排放强度、出口结构低碳化水平、低碳技术创新水平、环境规制强度等多方面进行特征分析，得到以下四个方面的碳减排经验：第一，通过深度参与 GVC 分工，能够在全球范围内寻找低碳生产环节，为降低产品生产过程中的碳排放提供可能。第二，处于较高分工地位或提升分工地位，使其更多地从事较为低碳的分工环节，实现出口结构的低碳化发展。第三，具有较高的低碳技术创新水平，能够为实现生产过程中碳减排目标提供技术保障。第四，通过提升环境规制强度，同时对出口和进口产品施以更为严格的环境标准，有助于倒逼国内外生产过程中的碳减排。

对中国而言，碳排放规模整体呈现出上升趋势，而且转移对象主要集中于分工地位较高的传统发达国家，同时资本密集型制造业是碳排放转移规模最大的行业。基于上述碳减排经验和中国发展特征，本章最终提出了以下四个方面的对策选择：首先，扩大低碳产品与节能环保服务进口，通过形成一个低碳的 GVC 分工网络实现贸易增长下的碳减排。其次，通过提升分工地位促进构建低碳贸易体系，并以建设绿色“一带一路”为发展契机同时实现提升 GVC 分工地位和碳减排的目标。再次，加强前沿低碳技术研发与合作，借助先进的低碳技术实现分工生产的低碳转型，助力碳达峰目标的实现。最后，制定更严格的环境规制控制高耗能高排放产品生产与出口，同时关注政策执行力，包括碳达峰标准计量体系的建立和统计监测能力的建设等核心内容。

总之，从第四章分析所得的全球碳排放转移网络结构特征，到第五章全球碳排放转移网络中不同影响因素的实证检验结果，再到本章代表性国家实现碳达峰的特征分析与经验借鉴，最后到 GVC 分工下中国实现碳达峰的对策选择，所有分析内容均是一脉相承，具体互相间的逻辑联系可见图 6－5。

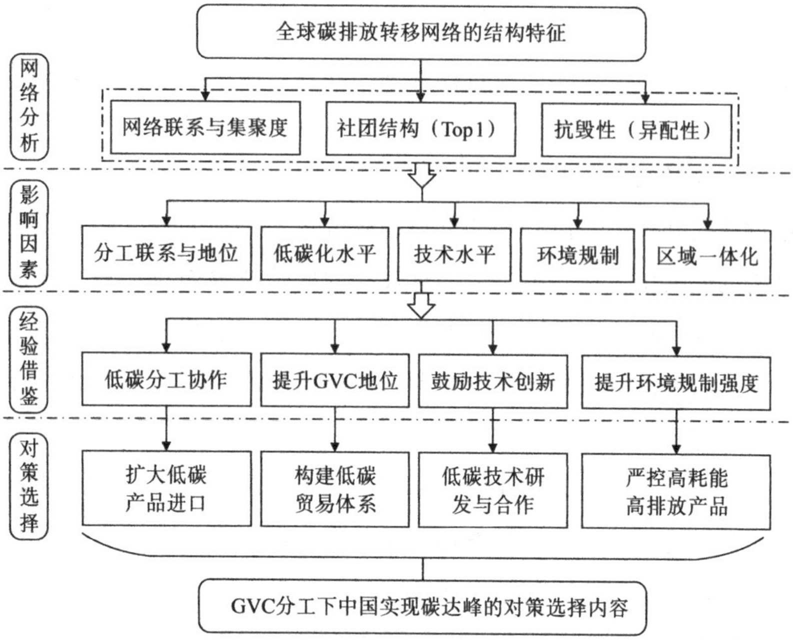

图6-5　中国对策选择提出的研究依据与逻辑联系

第七章　总结与研究展望

第一节　主要结论

根据总贸易核算框架下的出口增加值分解方法，本书提出了基于增加值贸易核算的出口隐含碳测算方法，利用增加值来源与吸收去向构建碳排放转移衡量指标，据此分析 GVC 的碳排放转移效应。在此基础上，利用 WIOD 提供的最新世界投入产出表和环境账户数据，测算并分析了 2000—2014 年全球 44 个国家（地区）整体及分行业出口隐含碳排放及碳排放转移特征，在利用 SNA 方法考察全球碳排放转移网络的结构特征基础上进一步使用 TERGM 对全球碳排放转移网络的影响因素进行实证分析，为最后提出中国基于碳达峰目标的对策选择提供经验依据。研究的主要结论可概括为以下几个方面：

第一，在 GVC 分工体系下，复杂的全球碳排放转移过程呈现出明显的地区分布特征和分行业特征，而这与 GVC 分工的影响有关。一方面，对于地区分布特征，全球碳排放转移的地区分布广泛，但碳排放转移来源与去向的地区分布集中度较高，而这与 GVC 分工联系有较强的关联性。具体来看，2000—2014 年，全球碳排放转移逐渐形成了以欧盟、美国、中国为中心的地区分布格局，上述分布格局的形成与欧盟、美国、中国三大经济体在 GVC 分工网络中处于核心地位有所联系。另一方面，对于分行业特征，制造业整体的碳排放转移规模最大，其中资本密集型制造业的碳排放转移占比在五大分行业中最高。不同国家（地区）参与 GVC 分工模式和要素禀赋优势的不同，导致其在不同行业碳排放转移中处于不同地位。例如，在制造业上，作为“世界工厂”的中国是主要的碳排放转移来源，而美国和欧盟是制造业最为主要的碳排放转移目的地；在初级行业上，俄罗斯是碳排放转移规模最大的国家，欧盟、美国、中国、日本等是其碳排放转移的主要目的地；在服务业上，欧盟和美国则兼具了碳排放转移主要来源地和目的地的双重身份。

第二，随着 GVC 分工的逐渐深化，全球碳排放转移网络的联系程度、集聚程度、稳定性均发生了一定的变化。具体表现为，单向联系程度的上升使全球碳排放转移网络联系程度更为紧密；由于更多非核心及不同社团的边缘国家分工联系逐渐加强，全球碳排放转移网络的集聚程度有所下降，社团模块化的结构特征有所降低；全球碳排放转移网络主要呈现异配性特征，网络稳定性较差的特征在抗毁性分析中也得到了验证，但随着分工格局的演变，异配性特征指标正在下降。另外，根据块模型分析结果，中国等 5 个国家组成的第二板块为全球碳排放转移网络的主要发动机板块，比利时等 7 个国家组成的第四板块为双向溢出板块，而以亚太国家、欧洲国家为主要组成国家的第一板块、第三板块为主受益板块。Top1 网络分析还揭示出五大分行业全球碳排放转移网络社团结构的异质性特征。其中，初级产业 Top1 网络划分为以俄罗斯、中国台湾、美国为核心的三大社团，中国在劳动、资本以及知识密集型制造业 Top1 网络中均处于核心位置，而服务业 Top1 网络可划分为以美国、德国、俄罗斯为核心的三大社团。上述分行业碳社团的结构特征差异对不同行业碳排放转移网络的抗毁性能力产生了重要影响，如以中国为单核心的劳动密集型制造业的抗毁性能力相对最弱。

第三，基于 TERGM 的实证分析结果，两国间 GVC 分工联系和相对

GVC 分工地位显著地促进了碳排放转移关系的形成。上述影响作用在区域经济一体化和经济发展水平差异的显著作用中得到了进一步佐证。除 GVC 分工相关因素外，碳排放转出国家的出口规模、出口污染密集度和碳排放转入国家的对外直接投资、人口规模显著地促进了碳排放转移关系的形成；两国间地理距离、碳排放转出国的全要素生产率和环境规制则显著地抑制了碳排放转移关系的形成。上述实证分析结果均与理论分析预期相符，且通过了更换估计方法、设置全球碳排放转移网络数据的时间间隔以及进行 ERGM 估计等三种稳健性检验。同样根据 TERGM 的分析结果，还发现全球碳排放转移网络具有显著的多连通性、传递闭合性及不显著的积极性，且碳排放转移关系随时间的推移趋于稳定，这些特征仍与 GVC 分工特征存在密切关联。以上全球碳排放转移网络的理论与实证分析结果能为后续提出 GVC 分工下中国对策选择提供重要的经验依据。

第四，在 GVC 分工体系下，中国能够通过扩大低碳产品与节能环保服务进口、构建低碳贸易体系、加强前沿低碳技术研发与合作、严控高耗能高排放产品生产与出口等对策助力实现提出的碳达峰目标。上述对策选择主要基于全球碳排放转移网络影响因素的实证分析结果和代表性碳达峰国家的减排经验综合得到。根据加拿大等 5 个 2007 年实现碳达峰国家的特征分析结果，在全球范围内寻找低碳生产环节、提升分工地位以实现出口结构低碳化发展、拥有较高的低碳技术创新水平以及提升环境规制强度，都是 GVC 分工下实现碳减排的重要发展经验。对中国而言，推动形成全球范围内的低碳 GVC 分工网络是实现贸易增长下碳减排的关键，同时应以建设绿色“一带一路”为发展契机，促进实现提升 GVC 分工地位和碳减排目标的双重目标。除上述直接与价值链分工有关的对策外，中国还需借助先进的低碳技术实现分工生产的低碳转型，通过制定严格的环境规制控制高耗能高排放产品生产与出口，共同助力实现碳达峰目标。

总之，以上四个方面的研究结论是围绕“GVC分工碳排放转移效应与中国对策”研究内容逐渐得到的。从GVC分工下碳排放转移衡量指标的构建，到全球碳转移规模及其网络的特征分析，再到碳排放转移关系影响因素的理论与实证分析，最后到提出基于碳达峰目标的中国对策选择，相关分析所得结论逐层递进，充分体现出研究内容的整体性和逻辑性。

第二节　研究的创新点

根据所掌握的文献来看，现有关于碳排放转移的研究主要依托于贸易隐含碳的测算结果，且碳排放转移仍以净出口隐含碳排放加以衡量，难以准确地体现出GVC分工引起的碳排放转移效应。同时，逐渐有研究将SNA方法运用到碳排放转移网络问题上，但相关研究仍处于起步阶段，鲜有研究与GVC分工或增加值贸易核算研究进行有效结合，同时影响因素的实证分析多基于QAP回归分析方法而非TERGM等更为前沿的分析方法。与之不同，本书在总贸易核算框架下建立起GVC分工引起碳排放转移的测算框架、特征分析、影响因素以及中国对策的统一分析框架。本书的创新点主要包括以下几个方面：

首先，在总贸易核算框架下，改进对外贸易隐含碳、碳排放转移、GVC分工地位等的衡量方法。作为增加值贸易核算研究中前沿的分析方法，Wang等（2013）提出的总贸易核算法能够将一国出口按照贸易品的价值来源、最终吸收地和吸收渠道的不同进行16个部分的分解，有助于厘清GVC分工下一国出口中增加值的整个流动过程。该方法已经逐渐地被运用于对外贸易隐含碳研究，但多集中于中国及其参与双边贸易隐含碳问题（Fei 等，2020），未有研究进行全球层面的测算，而这是本书重要的拓展内容之一。在上述贸易隐含碳测算方法基础上，进一步根据增加值的来源与吸收去向，构建了基于增加值的碳排放转移衡量指标，这种构建思路与传统以净出口隐含碳排放的衡量方法完全不同。另外，为实证检验 GVC 分工对碳排放转移网络的影响，本书基于总贸易方法改进了 Koopman 等（2010）提出的 GVC 地位指数，同时构建了 GVC 分工联系指标用于衡量两国间 GVC 分工联系程度，都可视为是对 GVC 分工特征测度研究的拓展内容。

其次，从 GVC 分工视角，揭示并解释了全球碳排放转移网络的结构特征及其变化原因。从现有研究来看，利用 SNA 方法分析全球碳排放转移网络的研究逐渐涌现（杜培林和王爱国，2018；张同斌和孙静，2019；李晖等，2020），但这些研究均未从 GVC 分工视角展开讨论。得益于按照增加值流动构建碳排放转移指标的做法，本书对于全球碳排放转移网络的结构特征分析与 GVC 分工联系度较高，也能够反映出 GVC 分工对转移网络结构特征的影响。例如，关于整体行业块模型的分析表明，以中国、德国、英国、俄罗斯、美国这 5 个国家组成的第二板块为全球碳排放转移网络的主要发动机板块，原因在于第二板块内的国家涵盖了 GVC 分工网络的主要核心国家（例如中国、德国、美国），即 GVC 分工网络的核心国家与全球碳排放转移网络的核心国家存在较高的关联性。

再次，基于 TERGM 的实证分析方法，同时考察了关系变量与属性变量的影响作用。GVC 分工已经逐渐被不同学者纳入到考察对外贸易隐含碳排放的影响研究（吕越和吕云龙，2019；赵玉焕等，2021），更有学者关注到了 GVC 分工对碳排放转移网络的影响（余娟娟和龚同，2020）。然而，在碳排放转移网络的影响因素分析中，QAP 分析是目前主流的分析方法，但其仅能考察关系变量的影响。为了更为全面地考察碳排放转移关系的影响因素，本书借助了更为前沿的 TERGM 方法进行实证分析，考察除 GVC 分工联系、相对 GVC 分工地位、地理距离等关系变量外，更为广泛地纳入了出口规模、出口污染密集度、全要素生产率、环境规制、对外直接投资、人口规模等属性变量。关于环境规制等属性变量影响的估计结果，成为后续提出中国对策选择的重要研究依据，而这是 QAP 分析无法实现的。

最后，从“分工联系、分工地位、低碳技术、环境规制”四个维度，提出依托 GVC 分工且服务于中国尽早实现碳达峰目标的对策。提升 GVC 分工地位、转变外贸与产业结构、促进低碳技术创新等是现有研究认为应对 GVC 分工环境效应的主要对策，但多数研究仅从单一维度展开分析，而且较少以碳达峰为目标进行深入剖析。TERGM 分析方法能够同时考察关系变量和属性变量的优势，而本书提出的中国对策选择更为广泛，主要包括 GVC 分工联系、分工地位、低碳技术创新以及环境规制等方面。值得一提的是，最终得到的中国对策选择是根据 SNA 的结构特征、TERGM 的影响因素、碳达峰国家的碳减排经验综合分析得到的，前后分析内容一脉相承，充分考虑了尽早实现碳达峰目标的现实背景，使得提出的对策更具实践价值。

第三节　研究展望

本书在 GVC 分工逐渐深化和全球气候变化问题日渐凸显的现实背景下，关注到了由 GVC 分工引起的全球碳排放转移问题，同时考察了分工过程中的增加值流动和碳排放转移，从国家和行业两个方面重点分析全球碳排放转移网络的结构特征，并对碳排放转移关系的影响因素进行经验检验，最终提出中国借助 GVC 分工体系尽早实现碳达峰的对策选择。由于受到研究对象与范围、数据资料的可获得性等限制，本书未涉及国内价值链（National Value Chain，NVC）、外资企业、碳达峰路径模拟等研究内容，这值得在后续研究中进行深入讨论。具体研究内容包括：

其一，结合 GVC 和 NVC 的互动分析，追溯全球碳排放从国外到国内的完整转移链条。本书考察的 GVC 分工引起碳排放转移过程主要在于国家（地区）层面的讨论，对一国内部的碳排放转移并未涉及。事实上，对外贸易与区域间贸易的碳排放转移相关研究，已经揭示出存在从国外转移到中国国内，然后在中国国内区域间转移的完整碳排放转移链条。因此，本书在关注 GVC 分工内容基础上，借鉴潘文卿和李跟强（2018）提出的 GVC 和 NVC 互动分析模型，完整地追溯由 GVC 分工和 NVC 分工引起的碳排放转移链条。特别是以中国“双循环”为研究背景，将全球投入产出数据与中国国内地区间的投入产出数据进行结合分析，进而对完整碳排放转移链条进行追踪分析。上述研究能够准确地得到中国国内不同区域在 GVC 分工引起碳排放转移过程中地位的差异性，进而有助于为各区域实现碳达峰目标提出差异化的对策选择。

其二，在 GVC 分工框架下区分内外资企业，揭示内外资企业在全球碳排放转移中扮演的不同角色。跨国企业的贸易与投资活动不仅助推了 GVC 分工的深化，同时也是全球碳排放转移的主要载体。在本书深入分析 GVC 分工的碳排放效应基础上，可以进一步对一国内部的企业划分为内外资企业，考察比较两者在跨国协作生产过程和碳排放转移过程中所扮演的角色，从跨国企业视角更为深入地剖析全球碳排放转移过程及其动因。该方向的拓展研究可以借鉴 Zhang 等（2020）分析跨国企业在供应链中隐含碳时提出的研究框架，同时利用 OECD 提供的 Activity of Multinational Enterprises（AMNE）数据库数据，将对外贸易与对外投资相结合，以实现同时分析内外资企业在 GVC 分工中产生碳排放转移的研究目的。

其三，借助气候变化综合评估模型对纳入 GVC 分工因素的中国碳达峰路径进行模拟分析。如前文所述，本书提出的中国对策选择主要是基于GVC分工下全球碳排放转移网络的特征影响因素分析、碳达峰国家的碳减排经验分析等，并未对具体实现的发展路径进行模拟分析。对此，气候变化综合评估模型可以为该方面的拓展研究提供基础方法（米志付，2021）。例如，洪竞科等（2021）创新地构建了包括中国终端部门的新型综合评估（RICE－LEAP）模型，对不同情景下中国碳达峰路径进行动态模拟。因此，未来研究可以延伸上述研究思路，尝试在RICE模型框架下加入与GVC分工相关内容，通过设置参考情景、碳排放约束情景、GVC重构情景等，对中国参与GVC分工不同模式、程度下实现碳达峰的路径进行动态模拟，这也将成为本书关于对策选择研究结论的重要延伸。

附　录

附录 A　　WIOD 提供数据的国家（地区）名称及其缩写

序号	缩写	国家	序号	缩写	国家（地区）
1	AUS	澳大利亚	20	HUN	匈牙利
2	AUT	奥地利	21	IDN	印度尼西亚
3	BEL	比利时	22	IND	印度
4	BGR	保加利亚	23	IRL	爱尔兰
5	BRA	巴西	24	ITA	意大利
6	CAN	加拿大	25	JPN	日本
7	CHE	瑞士	26	KOR	韩国
8	CHN	中国	27	LTU	立陶宛
9	CYP	塞浦路斯	28	LUX	卢森堡
10	CZE	捷克	29	LVA	拉脱维亚
11	DEU	德国	30	MEX	墨西哥
12	DNK	丹麦	31	MLT	马耳他
13	ESP	西班牙	32	NLD	荷兰
14	EST	爱沙尼亚	33	NOR	挪威
15	FIN	芬兰	34	POL	波兰
16	FRA	法国	35	PRT	葡萄牙
17	GBR	英国	36	ROU	罗马尼亚
18	GRC	希腊	37	RUS	俄罗斯
19	HRV	克罗地亚	38	SVK	斯洛伐克

续表

序号	缩写	国家	序号	缩写	国家（地区）
39	SVN	斯洛文尼亚	42	TWN	中国台湾
40	SWE	瑞典	43	USA	美国
41	TUR	土耳其	44	RoW	其他地区

注：根据 WIOD 提供资料整理。

附录 B　　WIOD 提供数据的行业名称及其代码

行业代码	行业名称
c1	作物及畜牧生产等相关产业
c2	林业及伐木业
c3	渔业及水产养殖业
c4	采掘业
c5	食品、饮料及烟草业
c6	纺织、服装及皮革业
c7	木材加工（家具除外）木、竹、藤、棕、草制品业
c8	造纸及纸制品业
c9	印刷及出版业
c10	炼焦及石油业
c11	化工产品制造业
c12	医药制品业
c13	橡胶及塑料制品业
c14	其他非金属矿物制品业
c15	基本金属制品业
c16	金属制品业（机械设备除外）
c17	计算机、电子及光学设备制造业
c18	电气设备制造业
c19	机械设备制造业
c20	小汽车、拖车、半挂车制造业
c21	其他运输设备制造业
c22	家具制品及其他制造业
c23	机械和设备的维修和安装
c24	电、煤气、蒸汽和空调供应
c25	水收集、处理和供应
c26	污水、垃圾收集、处理和处置、材料回收再利用活动和其他废物管理服务
c27	建筑业
c28	批发和零售贸易业和修理汽车和摩托车业
c29	批发贸易行业（除了机动车和摩托车）

续表

行业代码	行业名称
c30	零售贸易行业（除了机动车和摩托车）
c31	陆路和管道运输
c32	水运行业
c33	航空运输业
c34	物流仓储行业
c35	邮政快递业
c36	住宿和餐饮服务业
c37	出版业
c38	传媒业
c39	通讯业
c40	计算机编程、咨询和相关活动和信息服务业
c41	金融服务业（除了保险和养老资金）
c42	保险、再保险和养老资金（除了强制性社会保障）
c43	金融保险辅助行业
c44	房地产业
c45	总部的法律和会计活动和管理咨询活动
c46	建筑和工程活动；技术测试和分析
c47	科学研究和发展
c48	广告和市场研究
c49	其他专业、科学技术与兽医
c50	管理和支持服务活动
c51	公共管理和国防、强制性社会保障
c52	教育行业
c53	医疗和社会工作行业
c54	其他服务业
c55	自给自足的家庭生产服务活动
c56	不受管辖的组织和机构的服务活动

注：根据 WIOD 提供资料整理。

附录 C　　　　CPC 分类 Y02 部八个子类具体含义

分类	具体内容
Y02A	适应气候变化的技术
Y02B	与建筑物有关的减缓气候变化的技术，例如住房、家用电器或其他终端应用
Y02C	捕获、储存、隔离或处置温室气体的技术
Y02D	信息和通信技术中减缓气候变化的技术，即旨在减少自身能源使用的信息和通信技术
Y02E	减少与能源生产、传输或分配有关的温室气体排放的技术
Y02P	产品生产或加工中的减缓气候变化的技术
Y02T	与运输有关的减缓气候变化技术
Y02W	与废水处理或废物管理有关的减缓气候变化技术

注：根据 IncoPat 全球专利数据库提供资料整理。

参考文献

常冉，杨来科，钱志权．区域价值链嵌入有利于降低我国境内增加值碳排放成本吗——基于制造业数据实证分析［J］．国际贸易问题，2020（5）：117－132.

陈向阳．人口、消费的规模与结构对碳排放的影响：理论机制与实证分析［J］．环境经济研究，2021（3）：8－24.

程大中．中国参与全球价值链分工的程度及演变趋势——基于跨国投入—产出分析［J］．经济研究，2015（9）：4－16.

邓荣荣，陈鸣．中美贸易的隐含碳排放研究——基于I－O SDA模型的分析［J］．管理评论，2014（9）：46－57.

杜培林，王爱国．全球碳转移格局与中国中转地位：基于网络治理的实证分析［J］．世界经济研究，2018（7）：95－107.

段文奇，刘宝全，季建华．国际贸易网络拓扑结构的演化［J］．系统工程理论与实践，2008（10）：71－75.

高静，刘国光．全球贸易中隐含碳排放的测算、分解及权责分配——基于单区域和多区域投入产出法的比较［J］．上海经济研究，2016（1）：34－43.

韩中．全球价值链视角下中国出口的价值分解、增加值出口及贸易失衡［J］．数量经济技术经济研究，2020（4）：66－84.

韩中，陈耀辉，时云．国际最终需求视角下消费碳排放的测算与分解［J］. 数量经济技术经济研究，2018（7）：114－129.

洪竞科，李沅潮，蔡伟光. 多情景视角下的中国碳达峰模拟：基于RICE－LEAP模型［J］. 资源科学，2021（4）：639－651.

侯玉梅，梁聪智，田歆，等. 我国钢铁行业碳足迹及相关减排对策研究［J］. 生态经济，2012（12）：105－108.

黄海峰，施展. 中国制造业及其细分行业在全球价值链中的价值增值获取能力研究［J］. 现代经济探讨，2017（8）：59－70.

黄和平，易梦婷，曹俊文，等. 区域贸易隐含碳排放时空变化及影响效应——以长江经济带为例［J］. 经济地理，2021（3）：49－57.

黄敏，刘剑锋. 外贸隐含碳排放变化的驱动因素研究——基于I－O SDA模型的分析［J］. 国际贸易问题，2011（4）：94－103.

黄先海，余骁. 以“一带一路”建设重塑全球价值链［J］. 经济学家，2017（3）：32－39.

江洪. 金砖国家对外贸易隐含碳的测算与比较——基于投入产出模型和结构分解的实证分析［J］. 资源科学，2016（12）：2326－2337.

江小涓，孟丽君. 内循环为主、外循环赋能与更高水平双循环——国际经验与中国实践［J］. 管理世界，2021（1）：1－18.

蒋雪梅，刘轶芳. 全球贸易隐含碳排放格局的变动及其影响因素［J］. 统计研究，2013（9）：29－36.

蒋雪梅，刘轶芳. 全球价值链视角下的中、美高新技术产业出口效益及环境效应分析［J］. 管理评论，2018（5）：58－63.

蒋雪梅，郑可馨. 京津冀地区间贸易隐含碳排放转移研究［J］. 地域研究与开发，2019（6）：126－130.

兰天，夏晓艳. 全球价值链下的中欧制造业贸易隐含碳研究［J］. 中南大学学报（社会科学版），2020（4）：111－123.

李晨，丛睿，邵桂兰. 基于MRIO模型与LMDI方法的中国水产品贸易隐含碳排放转移研究 [J]. 资源科学, 2018 (5): 1063 - 1072.

李宏艳, 王岚. 全球价值链视角下的贸易利益: 研究进展述评 [J]. 国际贸易问题, 2015 (5): 103 - 114.

李晖, 姜文磊, 唐志鹏. 全球贸易隐含碳净流动网络构建及社团发现分析 [J]. 资源科学, 2020 (6): 1027 - 1039.

李晖, 刘卫东, 唐志鹏. 全球贸易隐含碳净转移的空间关联网络特征 [J]. 资源科学, 2021 (4): 682 - 692.

李敬, 陈旎, 万广华, 等. "一带一路" 沿线国家货物贸易的竞争互补关系及动态变化——基于网络分析方法 [J]. 管理世界, 2017 (4): 10 - 19.

李清如. 中日对 "一带一路" 沿线国家贸易隐含碳的测算及影响因素分析 [J]. 现代日本经济, 2017 (4): 69 - 84.

李艳梅, 付加锋. 中国出口贸易中隐含碳排放增长的结构分解分析 [J]. 中国人口·资源与环境, 2010 (8): 53 - 57.

李真, 陈天明. 中美双边工业品增加值贸易隐含碳福利核算与分配问题研究 [J]. 财贸经济, 2020 (5): 84 - 98.

刘军. 整体网分析 (第三版) ——UCINET 软件使用指南 [M]. 上海: 格致出版社, 2019.

刘林青, 陈紫若, 田毕飞. 结构依赖如何影响贸易网络形成及演化: 以 "一带一路" 为例 [J]. 世界经济研究, 2020 (6): 106 - 120.

刘林青, 闫小斐, 杨理斯, 等. 国际贸易依赖网络的演化及内生机制研究 [J]. 中国工业经济, 2021 (2): 98 - 116.

刘竹, 孟靖, 邓铸, 等. 中美贸易中的隐含碳排放转移研究 [J]. 中国科学: 地球科学, 2020 (11): 1633 - 1642.

陆旸. 环境规制影响了污染密集型商品的贸易比较优势吗? [J]. 经济研究, 2009 (4): 28 - 40.

陆旸. 从开放宏观的视角看环境污染问题：一个综述 [J]. 经济研究，2012 (2)：146-158.

路正南，罗雨森. 空间溢出、双向 FDI 与二氧化碳排放强度 [J]. 技术经济，2021 (6)：102-111.

吕延方，崔兴华，王冬. 全球价值链参与度与贸易隐含碳 [J]. 数量经济技术经济研究，2019 (2)：45-65.

吕越，陈帅，盛斌. 嵌入全球价值链会导致中国制造的"低端锁定"吗？[J]. 管理世界，2018 (8)：11-29.

吕越，吕云龙. 中国参与全球价值链的环境效应分析 [J]. 中国人口·资源与环境，2019 (7)：91-100.

马丹，何雅兴. 中国出口中的国外增加值测算与演变探析 [J]. 统计研究，2020 (3)：3-19.

马晶梅，王新影，贾红宇. 中日贸易污染条件研究——基于 MRIO 模型的分析 [J]. 国际贸易问题，2016a (2)：100-110.

马晶梅，王新影，贾红宇. 中日贸易隐含碳失衡研究 [J]. 资源科学，2016b (3)：523-533.

马述忠，黄东升. 基于 MRIO 模型的碳足迹跨国比较研究 [J]. 浙江大学学报（人文社会科学版），2011 (4)：5-15.

马述忠，任婉婉，吴国杰. 一国农产品贸易网络特征及其对全球价值链分工的影响——基于社会网络分析视角 [J]. 管理世界，2016 (3)：60-72.

马述忠，张洪胜，王笑笑. 融资约束与全球价值链地位提升——来自中国加工贸易企业的理论与证据 [J]. 中国社会科学，2017 (1)：83-107.

马志云，刘云. 应对气候变化关键技术创新差异的时空格局——以"一带一路"沿线国家为例 [J]. 中国人口·资源与环境，2017 (9)：

102－111.

孟凡鑫，苏美蓉，胡元超，等．中国及“一带一路”沿线典型国家贸易隐含碳转移研究［J］．中国人口·资源与环境，2019（4）：18－26.

米志付．气候变化与经济发展［M］．上海：上海三联书店，2021.

牛华，兰森，马艳昕．“一带一路”沿线国家服务贸易网络结构动态演化及影响机制［J］．国际商务（对外经济贸易大学学报），2020（5）：78－93.

牛玉静，陈文颖，吴宗鑫．全球多区域 CGE 模型的构建及碳泄漏问题模拟分析［J］．数量经济技术经济研究，2012（11）：34－50.

欧阳峣，张亚斌，易先忠．中国与金砖国家外贸的“共享式”增长［J］．中国社会科学，2012（10）：67－86.

潘安，戴岭．全球价值链分工特征的指标体系构建及应用［J］．统计研究，2020（6）：3－14.

潘安，郝瑞雪．全球价值链分工对贸易与环境失衡的影响［J］．中南财经政法大学学报，2020（6）：143－153.

潘安，魏龙．中国与其他金砖国家贸易隐含碳研究［J］．数量经济技术经济研究，2015（4）：54－70.

潘安，魏龙．中国对外贸易隐含碳：结构特征与影响因素［J］．经济评论，2016（4）：16－29.

潘安，吴肖丽．全球价值链分工下的中日贸易隐含碳排放研究［J］．现代日本经济，2018（2）：40－52.

潘安，谢奇灼，戴岭．中国出口贸易利益与环境成本的失衡［J］．环境经济研究，2019（3）：10－29.

潘文卿，李根强．中国区域的国家价值链与全球价值链：区域互动与增值收益［J］．经济研究，2018（3）：171－186.

潘文卿，王丰国，李根强．全球价值链背景下增加值贸易核算理论

综述 [J]. 统计研究, 2015 (3): 69 - 75.

庞军, 张浚哲. 中欧贸易隐含碳排放及其影响因素——基于 MRIO 模型和 LMDI 方法的分析 [J]. 国际经贸探索, 2014 (11): 51 - 65.

彭水军, 张文城, 孙传旺. 中国生产侧和消费侧碳排放量测算及影响因素研究 [J]. 经济研究, 2015 (1): 168 - 182.

齐晔, 李惠民, 徐明. 中国进出口贸易中的隐含碳估算 [J]. 中国人口·资源与环境, 2005 (3): 8 - 13.

乔小勇, 李泽怡, 相楠. 中间品贸易隐含碳排放流向追溯及多区域投入产出数据库对比——基于 WIOD、Eora、EXIOBASE 数据的研究 [J]. 财贸经济, 2018 (1): 84 - 100.

申萌, 李凯杰, 曲如晓. 技术进步、经济增长与二氧化碳排放: 理论和经验研究 [J]. 世界经济, 2012 (7): 83 - 100.

盛斌, 景光正. 金融结构、契约环境与全球价值链地位 [J]. 世界经济, 2019 (4): 29 - 52.

宋金昭, 邸小龙, 王晓平. 中国产业部门间隐含碳排放流动结构分析——基于复杂网络的视角 [J]. 统计与信息论坛, 2020 (3): 49 - 58.

苏丹妮. 全球价值链嵌入如何影响中国企业环境绩效? [J]. 南开经济研究, 2020 (5): 66 - 86.

苏庆义, 高凌云. 全球价值链分工位置及其演进规律 [J]. 统计研究, 2015 (12): 38 - 45.

孙天阳, 肖皓, 孟渤, 等. 制造业全球价值链网络的拓扑特征及影响因素——基于 WWZ 方法和社会网络的研究 [J]. 管理评论, 2018 (9): 49 - 60.

唐晓彬, 崔茂生. "一带一路" 货物贸易网络结构动态变化及其影响机制 [J]. 财经研究, 2020 (7): 138 - 153.

田建国, 庄贵阳, 陈楠. 全球价值链分工对中日制造业贸易隐含碳的影响［J］. 中国地质大学学报（社会科学版），2019（2）：71－84.

童磊，王运鹏．省域碳排放的空间网络结构特征与影响因素研究——基于产业转移视角［J］. 经济问题，2020（3）：18－24.

王岚．融入全球价值链对中国制造业国际分工地位的影响［J］. 统计研究，2014（5）：17－23.

王丽丽，王媛，毛国柱，等．中国国际贸易隐含碳 SDA 分析［J］. 资源科学，2012（12）：2382－2389.

王文举，向其凤．国际贸易中的隐含碳排放核算及责任分配［J］. 中国工业经济，2011（10）：56－64.

王文治，陆建明．中国对外贸易隐含碳排放余额的测算与责任分担［J］. 统计研究，2016（8）：12－20.

王向进，杨来科，钱志权．制造业服务化、高端化升级与碳减排［J］. 国际经贸探索，2018（7）：35－48.

王晓莉，王海军，吴林海．基于 LCA 方法的工业企业低碳生产评估与推广——白酒企业的案例［J］. 中国人口·资源与环境，2014（12）：74－81.

王媛，魏本勇，方修琦，等．基于 LMDI 方法的中国国际贸易隐含碳分解［J］. 中国人口·资源与环境，2011（2）：141－146.

王兆君，刘帅，李俊杰．基于生命周期评价法的我国轮胎产业碳排放量测算与分析——以子午轮胎产业为例［J］. 经济问题探索，2017（1）：185－190.

王直，魏尚进，祝坤福．总贸易核算法：官方贸易统计与全球价值链的度量［J］. 中国社会科学，2015（9）：108－127.

吴俊，谭跃进．复杂网络抗毁性测度研究［J］. 系统工程学报，2005（2）：128－131.

吴开尧，杨廷干．国际贸易碳转移的全球图景和时间演变［J］. 统计研究，2016（2）：43－50.

吴明，姜国强，贾冯睿，等．基于物质流和生命周期分析的石油行业碳排放［J］．资源科学，2018（6）：1287－1296.

吴肖丽，潘安．出口开放对中国工业碳排放的非线性影响研究［J］．国际经贸探索，2019（6）：17－32.

谢会强，黄凌云，刘冬冬．全球价值链嵌入提高了中国制造业碳生产率吗［J］．国际贸易问题，2018（12）：109－121.

谢锐，陈湘杰，朱帮助．价值链分工网络中心国经济增长的全球包容性研究［J］．管理世界，2020（12）：65－76.

徐博，杨来科，钱志权．全球价值链分工地位对于碳排放水平的影响［J］．资源科学，2020（3）：527－535.

许和连，成丽红，孙天阳．离岸服务外包网络与服务业全球价值链提升［J］．世界经济，2018（6）：77－101.

许和连，孙天阳，成丽红．"一带一路"高端制造业贸易格局及影响因素研究——基于复杂网络的指数随机图分析［J］．财贸经济，2015（12）：74－88.

许源，顾海英，钟根元．环境规制对中国碳密集型行业出口贸易的影响——基于碳排放视角的污染避难所效应检验［J］．生态经济，2014（9）：32－38.

薛进军．关于气候风险、环境危机与能源安全的思考［J］．环境保护，2021（8）：9－14.

闫云凤，黄灿．全球价值链下我国碳排放的追踪与溯源——基于增加值贸易的研究［J］．大连理工大学学报（社会科学版），2015（3）：21－27.

闫云凤，杨来科．中国出口隐含碳增长的影响因素分析［J］．中国人口·资源与环境，2010（8）：48－52.

闫云凤，赵忠秀．消费碳排放与碳溢出效应：G7、BRIC和其他国家的比较［J］．国际贸易问题，2014（1）：99－107．

杨文龙，杜德斌．“一带一路”沿线国家投资网络结构及其影响因素：基于ERGM模型的研究［J］．世界经济研究，2018（5）：80－94．

姚亮，刘晶茹．中国八大区域间碳排放转移研究［J］．中国人口·资源与环境，2010（12）：16－19．

姚秋蕙，韩梦瑶，刘卫东．“一带一路”沿线地区隐含碳流动研究［J］．地理学报，2018（11）：2210－2222．

余娟娟．全球价值链嵌入影响了企业排污强度吗——基于PSM匹配及倍差法的微观分析［J］．国际贸易问题，2017（12）：59－69．

余娟娟，龚同．全球碳转移网络的解构与影响因素分析［J］．中国人口·资源与环境，2020（8）：21－30．

余丽丽，彭水军．中国区域嵌入全球价值链的碳排放转移效应研究［J］．统计研究，2018（4）：16－29．

余心玎，杨军，王苒，等．全球价值链背景下中间品贸易政策的选择［J］．世界经济研究，2016（12）：47－59．

张德钢，陆远权．中国碳排放的空间关联及其解释——基于社会网络分析法［J］．软科学，2017（4）：15－18．

张华，魏晓平．绿色悖论抑或倒逼减排——环境规制对碳排放影响的双重效应［J］．中国人口·资源与环境，2014（9）：21－29．

张同斌，孙静．“国际贸易—碳排放”网络的结构特征与传导路径研究［J］．财经研究，2019（3）：114－126．

张先锋，韩雪，吴椒军．环境规制与碳排放：“倒逼效应”还是“倒退效应”——基于2000—2010年中国省际面板数据分析［J］．软科学，2014（7）：136－139．

张增凯，郭菊娥，安尼瓦尔·阿木提．基于隐含碳排放的碳减排目标研究［J］. 中国人口·资源与环境，2011（12）：15－21.

赵玉焕，李洁超. 基于技术异质性的中美贸易隐含碳问题研究［J］. 中国人口·资源与环境，2013（12）：28－34.

赵玉焕，刘娅. 基于投入产出分析的俄罗斯对外贸易隐含碳研究［J］. 国际商务（对外经济贸易大学学报），2015（3）：24－34.

赵玉焕，刘月. 基于投入产出法的中国出口产品隐含碳测算［J］. 中国人口·资源与环境，2011（12）：8－14.

赵玉焕，史巧玲，伍思健. 参与全球价值链对中国出口贸易碳强度的影响［J］. 北京理工大学学报（社会科学版），2020（4）：17－27.

赵玉焕，田扬，刘娅. 基于投入产出分析的印度对外贸易隐含碳研究［J］. 国际贸易问题，2014（10）：77－87.

赵玉焕，王淞. 基于技术异质性的中日贸易隐含碳测算及分析［J］. 北京理工大学学报（社会科学版），2014（1）：12－18.

赵玉焕，郑璐，刘似臣. 全球价值链嵌入对中国出口贸易隐含碳的影响研究［J］. 国际贸易问题，2021（3）：142－157.

钟祖昌，张燕玲，孟凡超. 一国对外直接投资网络构建对其全球价值链分工位置的影响研究——基于社会网络分析的视角［J］. 国际贸易问题，2021（3）：93－108.

ALBERT R，JEONG H，BARABÁSI A L. Error and Attack Tolerance of Complex Networks［J］. Nature，2000，406（6794）：378－382.

ALI Y，PRETAROLI R，SOCCI C，et al.. Carbon and Water Footprint Accounts of Italy：A Multi－Region Input－Output Approach［J］. Renewable and Sustainable Energy Reviews，2018（81）：1813－1824.

ANTRÀS P，CHOR D. Organizing the Global Value Chain［R］. NBER Working Paper，2012，No. 18163.

BAIOCCHI G，MINX J C. Understanding Changes in the UK's CO_2 Emissions: A Global Perspective [J]. Environmental Science & Technology, 2010, 44 (4): 1177 -1184.

BRANDES U, DELLING D, GAERTLER M, et al.. On Modularity Clustering [J]. IEEE Transactions on Knowledge and Data Engineering, 2008, 20 (2): 172 -188.

CHEN W, LEI Y, FENG K, et al.. Provincial Emission Accounting for CO_2 Mitigation in China: Insights from Production, Consumption and Income Perspectives [J]. Applied Energy, 2019, 255: 113754.

CHEN W, WU F, GENG W, et al.. Carbon Emissions in China's Industrial Sectors [J]. Resources, Conservation and Recycling, 2017, 117: 264 -273.

CHEN Z M, CHEN G Q. Embodied Carbon Dioxide Emission at Supra - National Scale: A Coalition Analysis for G7, BRIC, and the Rest of the World [J]. Energy Policy, 2011, 39 (5): 2899 -2909.

CHEN Z, NI W, XIA L, et al.. Structural Decomposition Analysis of Embodied Carbon in Trade in the Middle Reaches of the Yangtze Rive [J]. Environmental Science and Pollution Research, 2019, 26 (1): 816 -832.

CLEMENTE G P, GRASSI R. Directed Clustering in Weighted Networks: A New Perspective [J]. Chaos, Solitons and Fractals, 2018, 107: 26 -38.

DENG G, XU Y. Accounting and Structure Decomposition Analysis of Embodied Carbon Trade: A Global Perspective [J]. Energy, 2017, 137: 140 -151.

DU H, GUO J, MAO G, et al.. CO_2 Emissions Embodied in China - US Trade: Input - output Analysis Based on the Emergy/dollar Ratio [J]. Energy Policy, 2011, 39 (10): 5980 -5987.

DUAN Y M, JIANG Y M. Visualizing the Change of Embodied CO_2 Emissions along Global Production Chains [J]. Journal of Cleaner Production, 2018, 194 (25): 499 - 514.

FEI R, PAN A, WU X, et al.. How GVC Division Affects Embodied Carbon Emissionsin China's Exports? [J]. Environmental Science and Pollution Research, 2020, 27 (29): 36605 - 36620.

FENG K, DAVIS S J, SUN L, et al.. Outsourcing CO_2 within China [J]. Proceedings of the National Academy of Sciences, 2013, 110 (28): 11654 - 11659.

FENG T, DU H, ZHANG Z, et al.. Carbon Transfer within China: Insights from Production Fragmentation [J]. Energy Economics, 2020 (86): 104647.

GEREFFI G. The Organization of Buyer - Driven Global Commodity Chains: How US Retailers Shape Overseas Production Networks [R]. Commodity Chains and Global Capitalism, 1994.

GEREFFI G. Beyond the Producer - driven/Buyer - driven Dichotomy. The Evolution of Global Value Chains in the Internet Era [J]. IDS Bulletion, 2001, 32 (3): 30 - 40.

GUO J E, ZHANG Z, MENG L. China's Provincial CO_2 Emissions Embodied in International and Interprovincial Trade [J]. Energy Policy, 2012, 42: 486 - 497.

HANNEKE S, FU W, XING EP. Discrete Temporal Models of Social Networks [J]. Electronic Journal of Statistics, 2010, 4: 585 - 605.

HOU J, DENG X, SPRINGER C H, et al.. A Global Analysis of CO_2 and Non - CO_2 GHG Emissions Embodied in Trade with Belt and Road Initiative Countries [J]. Ecosystem Health and Sustainability, 2020, 6 (1): 1761888.

HUANG R, CHEN G, LV G, et al.. The Effect of Technology Spillover on CO_2 Emissions Embodied in China - Australia Trade [J]. Energy Policy,

2020, 144: 111544.

HUMMELS D, ISHII J, YI K M. The Nature and Growth of Vertical Specialization in World Trade [J]. Journal of International Economics, 2001, 54 (1): 75 -96.

JAYANTHAKUMARAN K, LIU Y. Bi - lateral CO_2 Emissions Embodied in Australia - China Trade [J]. Energy Policy, 2016, 92: 205 -213.

JI X, LIU Y, HAN M, et al.. The Mutual Benefits from Sino - Africa Trade: Evidence on Emission Transfer along the Global Supply Chain [J]. Journal of Environmental Management, 2020, 263: 110332.

JIANG M, AN H, GAO X, et al.. Factors Driving Global Carbon Emissions: A Complex Network Perspective [J]. Resources, Conservation and Recycling, 2019, 146: 431 -440.

JOHNSON R C, NOGUERA G. Accounting for Intermediates: Production Sharing and Trade in Value Added [J]. Journal of International Economics, 2013, 86 (2): 224 -236.

KARIMI V, KARAMI E, KESHAVARZ M. Climate Change and Agriculture: Impacts and Adaptive Responses in Iran [J]. Journal of Integrative Agriculture, 2018, 17 (1): 1 -15.

KOGUT B. Designing Global Strategies: Comparative and Competitive Value - added Chains [J]. Sloan Management Review, 1985, 26 (4): 15 -28.

KOOPMAN R, POWERS W, WANG Z, et al.. Give Credit where Credit is Due: Tracing Value Added in Global Production Chains [R]. NBER Working Paper, No. 16426, 2010.

KOOPMAN R, WANG Z, WEI S J. Tracing Value - added and Double Counting in Gross Exports [R]. NBER Working Paper, No. 18579, 2012.

LATORA V, MARCHIORI M. Efficient Behavior of Small – World Networks [J]. Physical Review Letters, 2001, 87 (19): 198701.

LEE M, VILLARUEL M L, GASPAR R E. Effects of Temperature Shocks on Economic Growth and Welfare in Asia [R]. Asian Development Bank Economics Working Paper Series, No. 501, 2016.

LEICHT E A, NEWMAN M E J. Community Structure in Directed Networks [J]. Physical Review Letters, 2008, 100 (11): 118703.

LEIFELD P, CRANMER S J, DESMARAIS B A. Temporal Exponential Random Graph Models with Btergm: Estimation and Bootstrap Confidence Intervals [J]. Journal of Statistical Software, 2018, 83 (6): 1 –35.

LENZEN M. Primary Energy and Greenhouse Gases Embodied in Australian Final Consumption: An Input – output Analysis [J]. Energy Policy, 1998, 26 (6): 495 –506.

LEONTIEF W. Environmental Repercussions and the Economic Structure: An Input – output Approach [J]. The Review of Economics and Statistics, 1970: 262 –271.

LEVIN K, RICH D. Turning Points: Trends in Countries' Reaching Peak Greenhouse Gas Emissions over Time [R]. World Resources Institute, 2017.

LI J, CHANDIO A A, LIU Y. Trade Impacts on Embodied Carbon Emissions—Evidence from the Bilateral Trade between China and Germany [J]. International Journal of Environmental Research and Public Health, 2020, 17 (14): 5076.

LI Y, HEWITT C N. The Effect of Trade between China and the UK on National and Global Carbon Dioxide Emissions [J]. Energy Policy, 2008, 36 (6): 1907 –1914.

LIN B, XU M. Does China Become the "Pollution Heaven" in South –

South Trade? Evidence from Sino - Russian Trade [J]. Science of the Total Environment, 2019, 666: 964 -974.

LIU C, ZHAO G. Can Global Value Chain Participation Affect Embodied Carbon Emission Intensity? [J]. Journal of Cleaner Production, 2021, 287: 125069.

LIU H G, LIU W D, FAN X M, et al.. Carbon Emissions Embodied in Value Added Chains in China [J]. Journal of Cleaner Production, 2015, 103: 362 -370.

LIU H, ZONG Z, HYNES K, et al.. Can China Reduce the Carbon Emissions of Its Manufacturing Exports by Moving up the Global Value Chain? [J]. Research in International Business and Finance, 2019, 51: 101101.

LIU Z, MENG J, DENG Z, et al.. Embodied Carbon Emissions in China - US Trade [J]. Science China Earth Sciences, 2020, 63 (10): 1577 -1586.

LONG R, LI J, CHEN H, et al.. Embodied Carbon Dioxide Flow in International Trade: A Comparative Analysis Based on China and Japan [J]. Journal of Environmental Management, 2018, 209: 371 -381.

LUSHER D, KOSKINEN J, ROBINS G. Exponential Random Graph Models for Social Networks: Theory, Methods and Applications [M]. Cambridge: Cambridge University Press, 2012.

LV K, FENG X, KELLY S, et al.. A Study on Embodied Carbon Transfer at the Provincial Level of China from a Social Network Perspective [J]. Journal of Cleaner Production, 2019, 225: 1089 -1104.

MACHADO G, SCHAEFFER R, WORRELL E. Energy and Carbon Embodied in the International Trade of Brazil: An Input - output Approach [J]. Ecological Economics, 2001, 39 (3): 409 -424.

MENG B, PETERS G P, WANG Z, et al. Tracing CO_2 Emissions in

Global Value Chains [J]. Energy Economics, 2018, 73: 24 -42.

MENG J, MI Z, GUAN D, et al.. The Rise of South - South Trade and Its Effect on Global CO_2 Emissions [J]. Nature Communications, 2018, 9 (1): 1 -7.

MONGELLI I, TASSIELLI G, NOTARNICOLA B. Global Warming Agreements, International Trade and Energy/carbon Embodiments: An Input - output Approach to the Italian Case [J]. Energy Policy, 2006, 34: 88 -100.

NEIRA M, CAMPBELL - LENDRUM D, MAIERO M, et al.. Health and Climate Change: the End of the Beginning? [J]. The Lancet, 2014, 384 (9960): 2085 -2086.

NEWMAN M E J. Mixing Patterns in Networks [J]. Physical Review E, 2003, 67 (2): 026126.

OECD, WTO. Trade in Value - added: Concepts, Methodologies and Challenges [R]. 2011.

O'NEILL J, WILSON D, PURUSHOTHAMAN R, et al.. How Solid are the BRICs? [R]. Global Economics Paper, No. 134, 2005.

PETERS G P, HERTWICH E G. CO_2 Embodied in International Trade with Implications for Global Climate Policy [J]. Environmental Science & Technology, 2008, 42 (5): 1401 -1407.

PETERS G P, MINX J C, WEBER C L, et al.. Growth in Emission Transfers via International Trade from 1990 to 2008 [J]. Proceedings of the National Academy of Sciences, 2011, 108 (21): 8903 -8908.

PORTER M E. Competitive Advantage [M]. New York: Free Press, 1985.

QI X, MEI G, CUOMO S, et al.. A Network - Based Method with Privacy - Preserving for Identifying Influential Providers in Large Healthcare Service Systems [J]. Future Generation Computer Systems, 2020, 109: 293 -305.

RAHMAN J, ZHAO M T. Export Performance in Europe: What do We Know from Supply Links? [R]. IMF Working Paper, No. 62, 2013.

SÁNCHEZ – CHÓLIZ J, DUARTE R. CO_2 Emissions Embodied in International Trade: Evidence for Spain [J]. Energy Policy, 2004, 32: 1999 – 2005.

SATO M. Embodied Carbon in Trade: A Survey of the Empirical Literature [J]. Journal of Economic Surveys, 2014, 28 (5): 831 – 861.

SCHAEFFER R, DE SÁ A. The Embodiment of Carbon Associated with Brazilian Imports and Exports [J]. Energy Conversion and Management, 1996, 37 (6 – 8): 955 – 960.

SHUI B, HARRISS R C. The Role of CO_2 Embodiment in US – China Trade [J]. Energy Policy, 2006, 34: 4063 – 4068.

SU B, ANG B W, LI Y. Input – output and Structural Decomposition Analysis of Singapore's Carbon Emissions [J]. Energy Policy, 2017, 105: 484 – 492.

SUN C, CHEN L, HUANG G. Decomposition Analysis of CO_2 emissions Embodied in the International Trade of Russia [J]. Sustainability, 2020, 12 (1): 323.

SUN L, QIN L, TAGHIZADEH – HESARY F, et al.. Analyzing Carbon Emission Transfer Network Structure among Provinces in China: New Evidence from Social NetworkAnalysis [J]. Environmental Science and Pollution Research, 2020, 27 (18) : 23281 – 23300.

TAN H, SUN A, LAU H. CO_2 Embodiment in China – Australia Trade: The Drivers and Implications [J]. Energy Policy, 2013, 61: 1212 – 1220.

WANG H, ANG B W. Assessing the Role of International Trade in Global CO_2 Emissions: An Index Decomposition Analysis Approach [J]. Applied Energy, 2018, 218: 146 – 158.

WANG Q, LIU Y, WANG H. Determinants of Net Carbon Emissions Embodied in Sino – German Trade [J]. Journal of Cleaner Production, 2019, 235: 1216 – 1231.

WANG Q, YANG X. Imbalance of Carbon Embodied in South – South Trade: Evidence from China – India Trade [J]. Science ofthe Total Environment, 2020, 707: 134473.

WANG Q, ZHOU Y. Imbalance of Carbon Emissions Embodied in the US – Japan Trade: Temporal Change and Driving Factors [J]. Journal of Cleaner Production, 2019a, 237: 117780.

WANG Q, ZHOU Y. Uncovering Embodied CO_2 Flows via North – North Trade – A Case Study of US – Germany Trade [J]. Science of the Total Environment, 2019b, 691: 943 – 959.

WANG S H, LI Z Z, SONG M. How Embodied Carbon in Trade Affects Labor Income in Developing Countries [J]. Science of the Total Environment, 2019, 672: 71 – 80.

WANG S, ZHAO Y, WIEDMANN T. Carbon Emissions Embodied in China – Australia Trade: A Scenario Analysis Based on Input – output Analysis and Panel Regression Models [J]. Journal of Cleaner Production, 2019, 220: 721 – 731.

WANG W, LI Y, LU N, et al.. Does Increasing Carbon Emissions Lead to Accelerated Eco – innovation? Empirical Evidence from China [J]. Journal of Cleaner Production, 2020, 251: 119690.

WANG Z, WEI S J, ZHU K F. Quantifying International Production Sharing at the Bilateral and Sector [R]. NBER Working Paper, No. 19677, 2013.

WANG Z, WEI S J, YU X D, et al.. Characterizing Global Value Chains: Production Length and Upstreamness [R]. NBER Working Paper,

No. 23261, 2017.

WANG Z, YANG Y, WANG B. Carbon Footprints and Embodied CO_2 Transfers among Provinces in China [J]. Renewable and Sustainable Energy Reviews, 2018, 82: 1068 -1078.

WASSERMAN S, FAUST K. Social Network Analysis: Methods and Applications [M]. Cambridge: Cambridge University Press, 1994.

WEBER C L, MATTHEWS H S. Embodied Environmental Emissions in U. S. International Trade, 1997 -2004 [J]. Environmental Science & Technology, 2007, 41 (14): 4875 -4881.

WEST D B. Introduction to Graph Theory [M]. Upper Saddle River: Prentice Hall, 2001.

WHITE H C, BOORMAN S A, BREIGER R L. Social Structure from Multiple Networks. I. Blockmodels of Roles and Positions [J]. American Journal of Sociology, 1976, 81 (4): 730 -780.

WIEBE K S, BRUCKNER M, GILJUM S, et al.. Carbon and Materials Embodied in the International Trade of Emerging Economies [J]. Journal of Industrial Ecology, 2012, 16: 636 -646.

WORLD BANK. World Development Report 2020: Trading for Development in the Age of Global Value Chains [R]. World Development Report, 2020.

WU R, GENG Y, DONG H, et al.. Changes of CO_2 Emissions Embodied in China -Japan Trade: Drivers and Implications [J]. Journal of Cleaner Production, 2016, 112: 4151 -4158.

WYCKOFF A W, ROOP J M. The Embodiment of Carbon in Imports of Manufactured Products: Implications for International Agreements on Greenhouse Gas Emissions [J]. Energy Policy, 1994, 22 (3): 87 -194.

XU S C, GAO C, MIAO Y M, et al.. Calculation and Decomposition of

China's Embodied Air Pollutants in Sino – US Trade [J]. Journal of Cleaner Production, 2019, 209: 978 – 994.

YAMANO N, GUILHOTO J. CO_2 Emissions Embodied in International Trade and Domestic Final Demand: Methodology and Results Using the OECD Inter – Country Input – Output Database [R]. OECD Science, Technology and Industry Working Papers, 2020.

YAN Y F, YANG L K. China's Foreign Trade and Climate Change: A Case Study of CO_2 Emissions [J]. Energy Policy, 2010, 38 (1): 350 – 356.

YAN Y F, WANG R, ZHENG X, et al.. Carbon Endowment and Trade – embodied Carbon Emissions in Global Value Chains: Evidence from China [J]. Applied Energy, 2020, 277: 115592.

YOON Y F, KIM Y K, KIM J. Embodied CO_2 Emission Changes in Manufacturing Trade: Structural Decomposition Analysis of China, Japan, and Korea [J]. Atmosphere, 2020, 11 (6): 597.

YU Y, CHEN F. Research on Carbon Emissions Embodied in Trade between China and South Korea [J]. Atmospheric Pollution Research, 2016, 8: 56 – 63.

ZHANG Z, GUAN D, WANG R, et al.. Embodied Carbon Emissions in the Supply Chains of Multinational Enterprises [J]. Nature Climate Change, 2020, 10: 1096 – 1101.

ZHANG Z, XI L, BIN S, et al.. Energy, CO_2 Emissions, and Value Added Flows Embodied in the International Trade of the BRICS Group: A Comprehensive Assessment [J]. Renewable and Sustainable Energy Reviews, 2019, 116: 109432.

ZHANG Z, ZHAO Y, SU B, et al.. Embodied Carbon in China's Foreign Trade: An Online SCI – E and SSCI Based Literature Review [J]. Renewable and Sustainable Energy Reviews, 2017, 68: 492 - 510.

ZHAO G, LIU C. Carbon Emission Intensity Embodied in Trade and its Driving Factors from the Perspective of Global Value Chain [J]. Environmental Science and Pollution Research, 2020, 27: 32062 - 32075.

ZHAO Y, WANG S, ZHANG Z, et al.. Driving Factors of Carbon Emissions Embodied in China - US Trade: A Structural Decomposition Analysis [J]. Journal of Cleaner Production, 2016, 131: 678 - 689.

ZHONG Z, GUO Z, ZHANG J. Does the Participation in Global Value Chains Promote Interregional Carbon Emissions Transferring via Trade? Evidence from 39 Major Economies [J]. Technological Forecastng and Social Change, 2021, 169: 120806.

ZHOU D, ZHOU X, XU Q, et al.. Regional Embodied Carbon Emissions and Their Transfer Characteristics in China [J]. Structural Change and Economic Dynamics, 2018, 46: 180 - 193.